笑顔がいっぱい！
ダウン症の人とご家族の日常
スナップPhoto

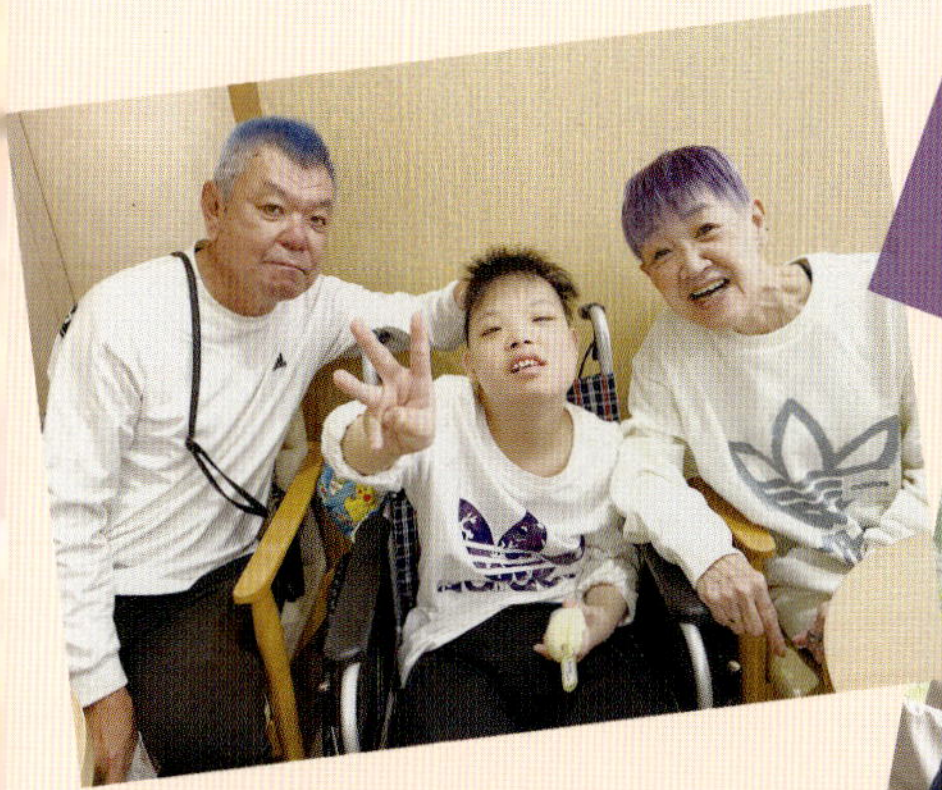

梶原さんご家族

松原さんご家族

佐々木さんご家族

喜井さんご家族

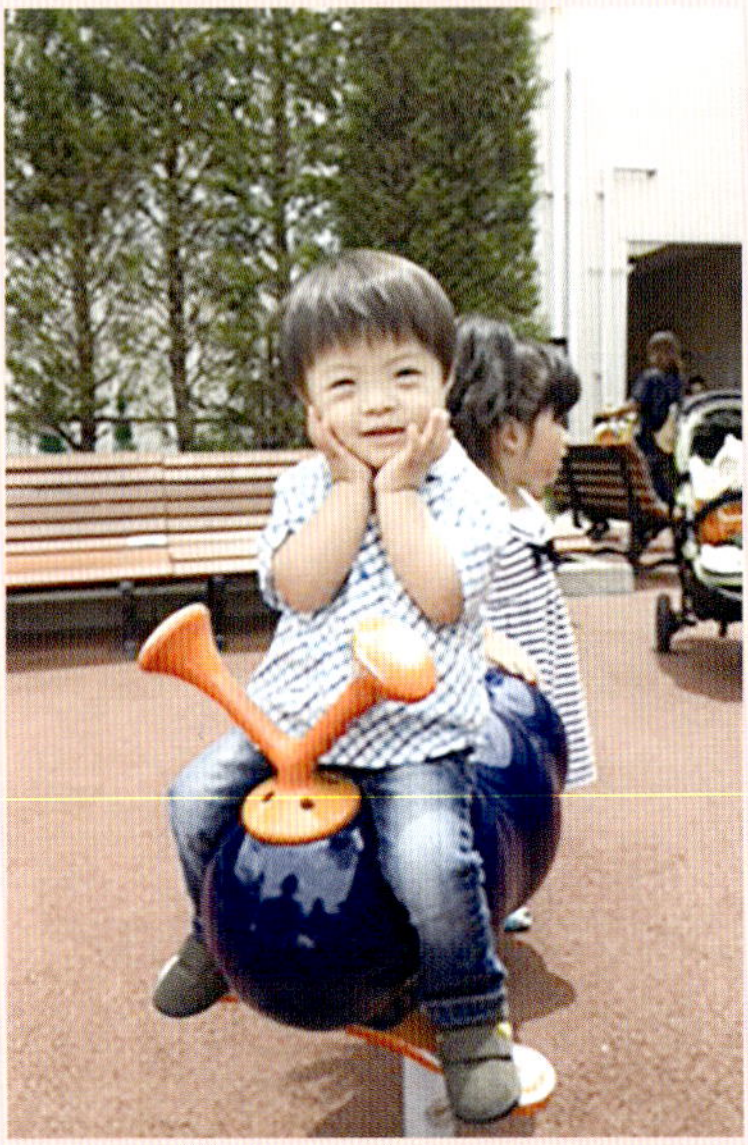

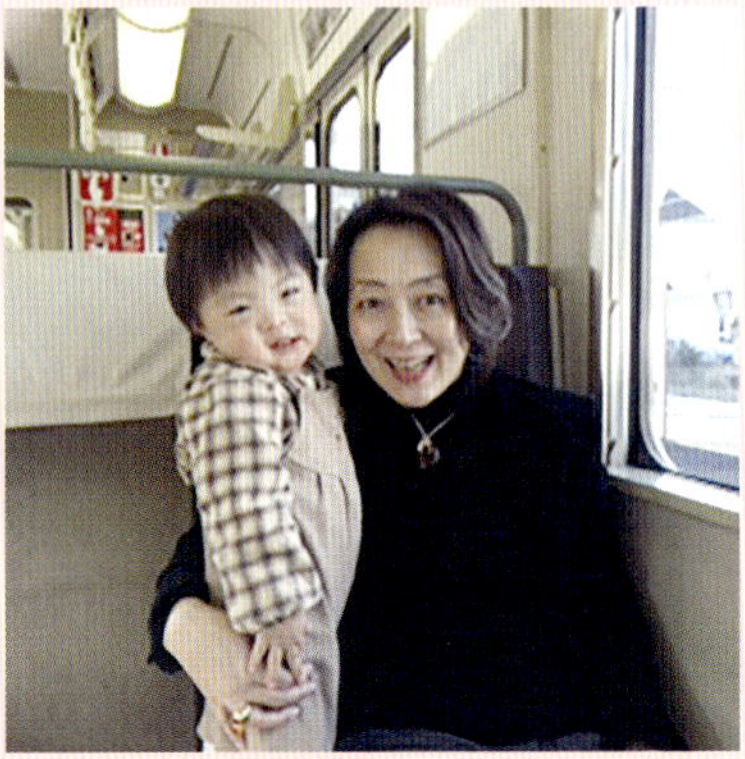

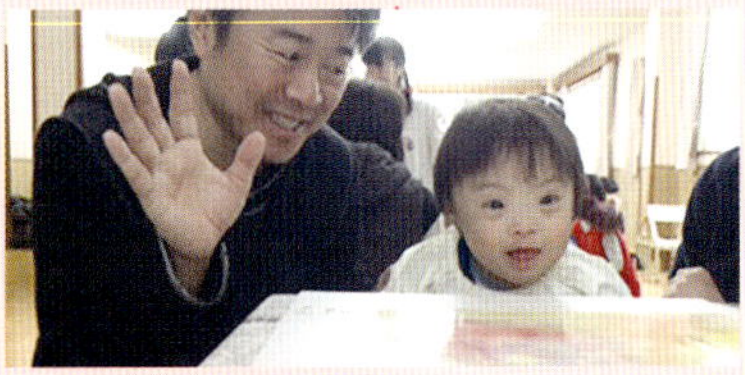

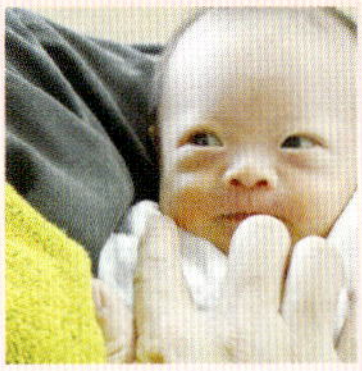

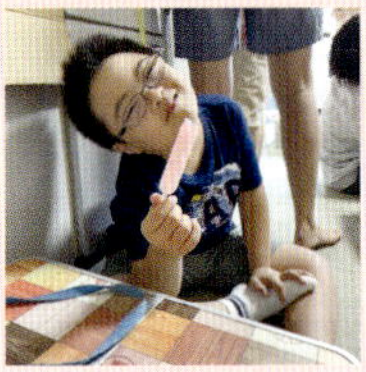

松原さん
ご家族

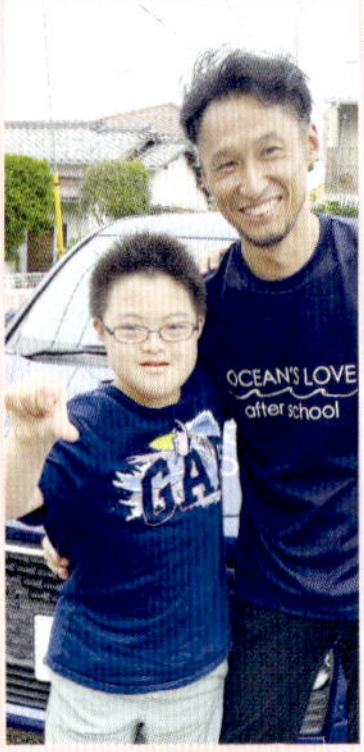

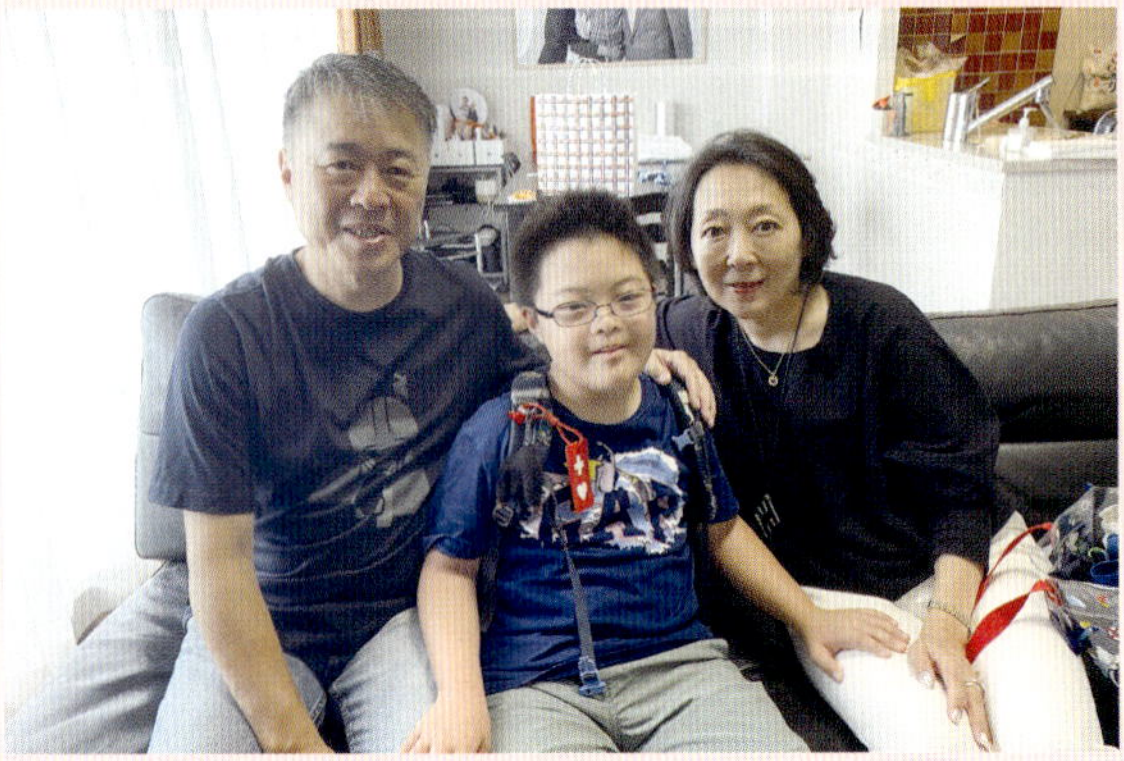

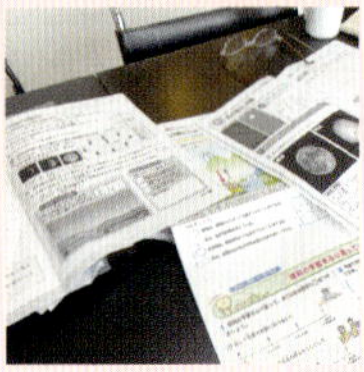

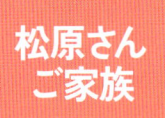

歩き始めるのが遅かったという佑哉（ゆうや）くんも小学6年生！　ご家族とご近所さんに見守られながら通学。週末は習い事にサーフィンにと大忙しの毎日。

佐々木さん
ご家族

ご両親による署名運動の末に小学校に入学したジェイミーくん。高校生の今は勉強に文化祭にと青春を謳歌する毎日。気になる学校生活の様子を密着取材！

梶原さん
ご家族

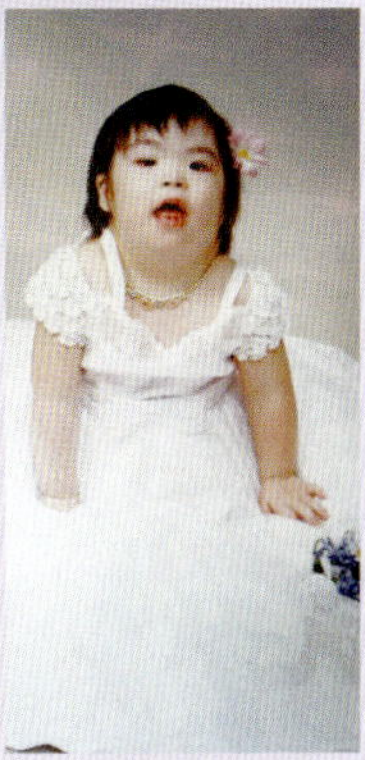
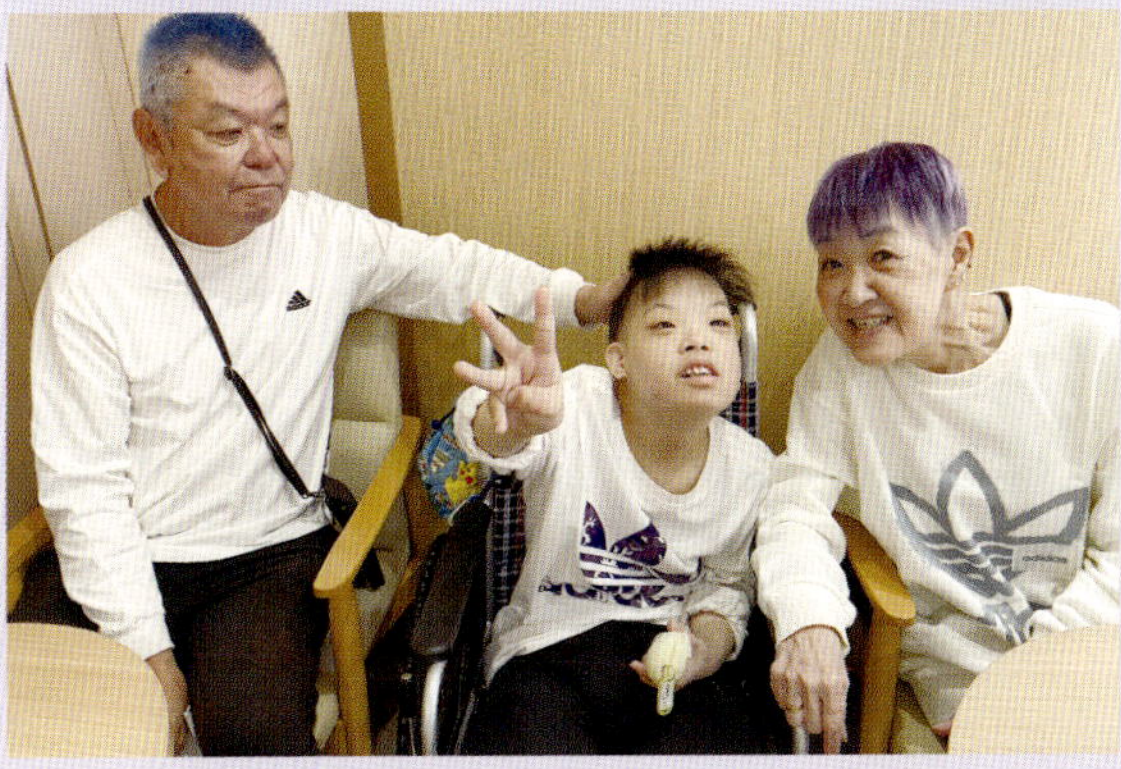
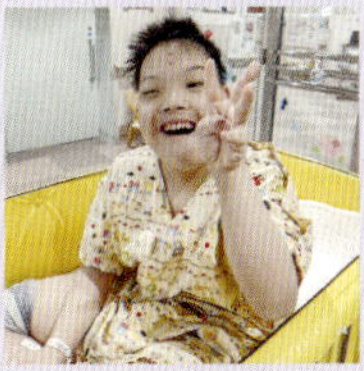

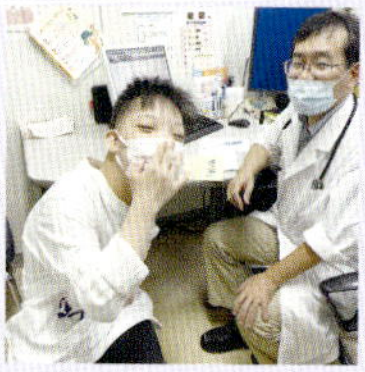

養子として念願の〝家族〟となった将伍（しょうご）くん。その中学校生活はまさかの展開に。9歳で亡くなった文乃（あやの）ちゃんは今も皆に愛されている。

喜井さん ご家族

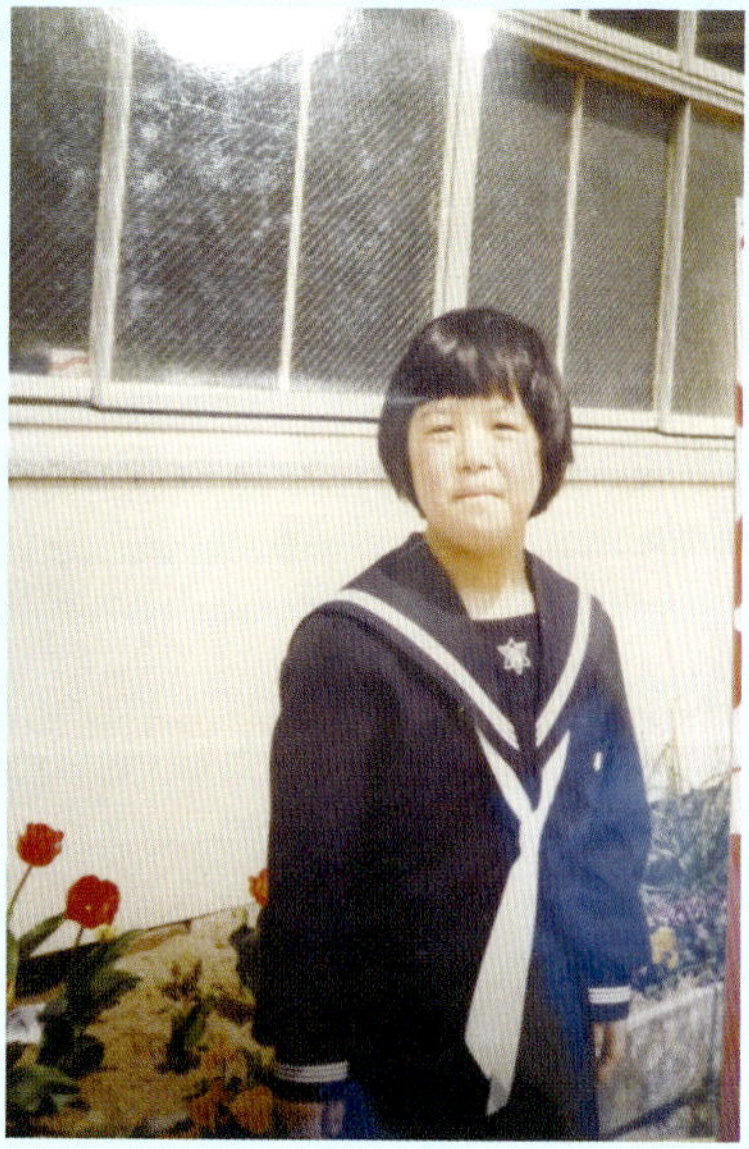

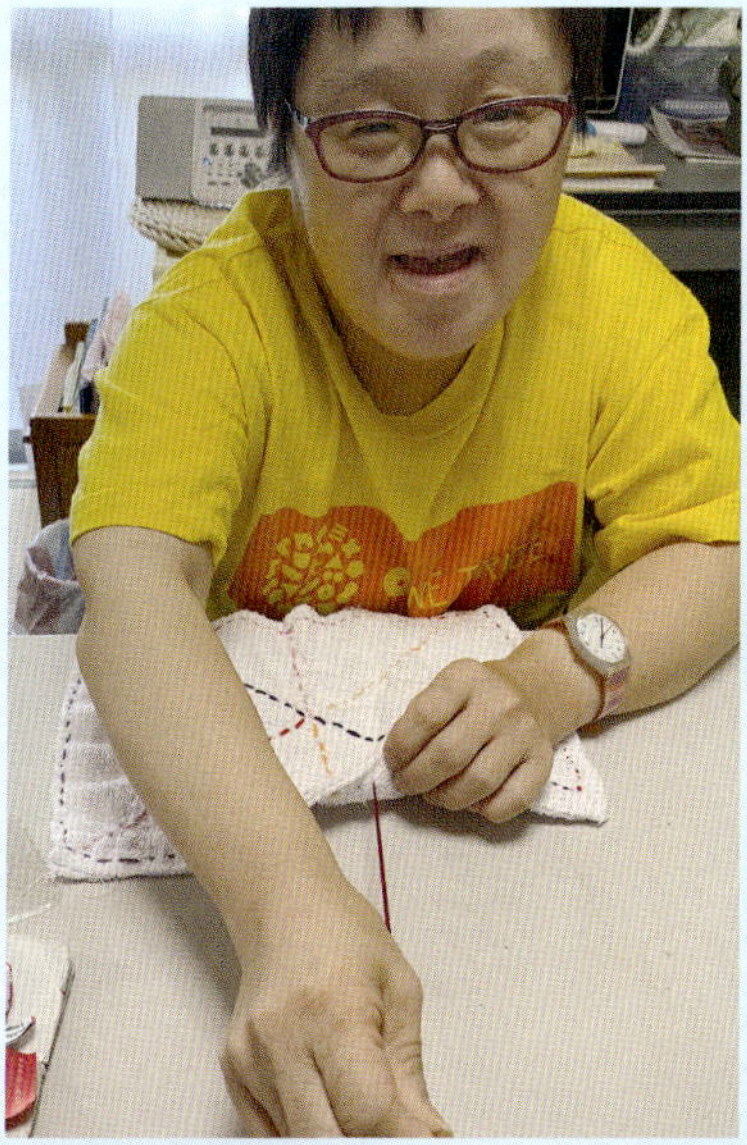

50代になった晶子（あきこ）さんは、今日も元気に出勤。レジ打ちにぞうきん作り、おいしいご飯に舌鼓♪　その生き方は幸せな人生を送るヒントに溢れている!

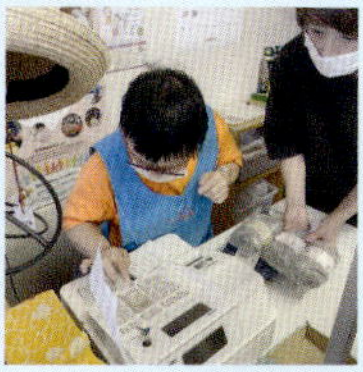

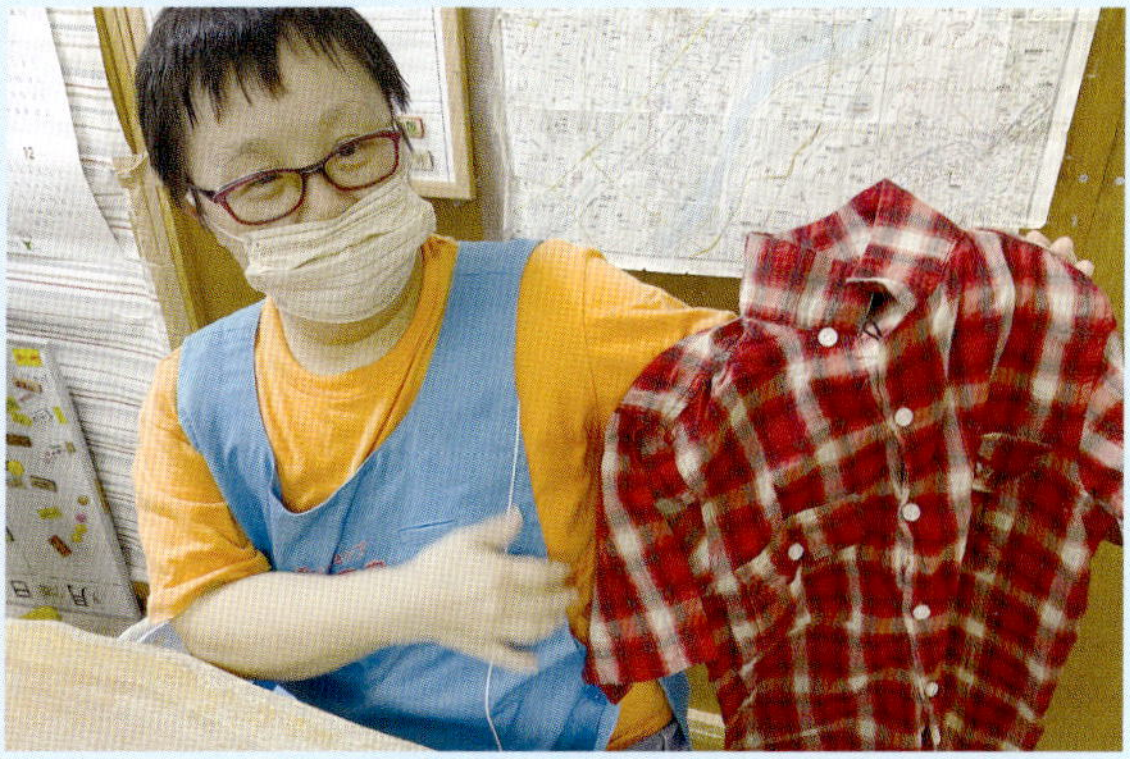

足立さん
ご家族

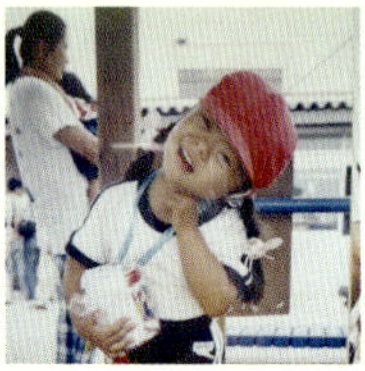

ダンスレッスンでは巧みな技を披露し、作業所ではクッキー作りに勤しんでいた香奈美（かなみ）さん。「生まれてきて一番楽しいよ」という両親への手紙に込めた思いとは？

ダウン症で、幸せでした。

~10年追いかけて分かった幸福の秘密

目次

笑顔がいっぱい！
ダウン症の人とご家族の日常スナップPhoto …… 1

はじめに …… 14

そもそも「ダウン症」とは？ …… 18

松原さんご家族
「幸せは遅れて〝倍返し〟でやって来る」 …… 20

あれから10年後
「人間的なかわいさが大きくなっていく」
～ダウン症の子のかわいさと成長～ …… 40

コラム　ダウン症と余暇活動（早期老化を防ぐには）……59
佐々木さんご家族
「学校に通えないのは〝当たり前におかしい〟」……61
あれから10年後
「ともに学ぶことは、社会に出た時に必要な才能」
～障がいとともに育つ必要性～……86
コラム　ダウン症と、見過ごされがちなパパの悩み……107

梶原さんご家族
「娘が伝えたかった未来を、もう一度見たい」……110
あれから10年後
「この子の母親でいられることが、すごく嬉しい」……144
〜家族の意味とダウン症の意味〜
足立さんご家族
「働くことを楽しむ天才!」……158
あれから10年後（著者より）……179
コラム ダウン症と「働くこと」の意味……180

喜井さんご家族
「ダウン症って不幸ですか?」……182
あれから10年後
「だって私、幸せやもん」
～21番目の染色体と幸せな人生～……206
コラム ダウン症と「人権モデル」……224
『ダウン症って不幸ですか?』刊行から10年、
取り巻く環境はどう変わった?
関係者からのSpecial Message……226
おわりに……235

※本書は2015年発行の『ダウン症って不幸ですか?』(宝島社)より
一部引用しております。

はじめに

今から10年前の2015年、『ダウン症って不幸ですか？』という本を書いた。

きっかけとなったのは、2013年4月にスタートした「新型出生前診断（NIPT）」だった。染色体異常を発見する検査の開始を、各メディアは「精度99％」「ダウン症かどうかを確実に診断」と、こぞって伝えた。検査の本来の目的は、生まれくる子どもの異常を早期に発見し、医療的措置や対応を予め行うことの〝はず〟だった。だが、実際には異常が判明した親の95％以上が「中絶」を選択。まるで〝命の選別〟を目的としたような検査に、成り代わってしまった。

その現実に、深い悲しみを覚えたのが、ほかならぬダウン症の子どもたちと暮らすお父さんやお母さんたちだった。ダウン症と分かった途端に、その命をあきらめる……。そうした行為に、「ダウン症の子どもはいらない」――そう世間から突き付けられていると、多くの親御さんが感じたのだ。

自分たち家族が、懸命に、幸せに生きている日常を知らずに、ダウン症＝不幸と誤解されている……。ある親御さんから、こんな言葉を聞かされた。

「自分のことは、どれだけ文句を言われても我慢できる。なにくそ！　と思える。でも、子どものことを否定されると……心に、ポッカリ穴が開くんですよね」

筆者自身にできることは少ないかも知れないが、せめて親御さんの心に「ポッカリと開いた穴」を、少しでも埋める手助けができればと、ペンを握った次第だ。

紆余曲折《うよきょくせつ》がありながらも出版に至り、講演会やイベントに呼んでいただき、番組に出演させていただいたりと、ご家族と触れ合う機会がさらに増えた。掛けられる言葉も、出版当初は書籍内容への感想が主だったが、ここ数年はこんな言葉を聞くようになった。

「本に出てきたご家族は、その後、どうされているのですか？」

あるイベント会場で声を掛けていただいたお母さんは、ページのアチコチに付箋《ふせん》を貼り、赤ペンで線を引いて熟読してくださっていた。汗でシワシワになった本を閉じると、笑顔で筆者の方を向き、こう話しかけた。

「私の中で、登場する5組のご家族は、み〜んな物語の主人公なの。みんな、あれからどうしてるのかな？　そんなことを考えると、ウキウキ、ワクワクしちゃって。早く〝物語の続き〟が読みたいわ」

そう言い残すと、成人したダウン症のある娘さんと手をつなぎ、去っていった。

目から鱗《うろこ》が落ちた瞬間だった。自分の中では前作で紹介した5組のご家族について、どこか書き切ったつもりだった。だが、読み返してくださる読者の中では、ご家族の物語は続いていて、〝その先〟を知りたいと願う人もいる。

そう知った瞬間、自分自身、無性に〝あのご家族たち〟に会いたくなった。

幼かった佑哉《ゆうや》くんは、いくつになったのだろう？

ジェイミーくんはその後、どんな小学校生活を送ったのかな？

養子となった将伍《しょうご》くんは、梶原家でどんな存在になったのかな？

50歳を超えた晶子《あきこ》さんは、まだ元気でお勤めだろうか？

想像すると居ても立ってもいられなくなり、ご家族の〝10年後〟に焦点を当て、再びお話を聞かせていただいたのが今作だ。加えて、学校での生活や放課後等デイサービスに通う様子、通院風景に働く姿まで、自宅以外の生活の様子を取材した。

今回、ご家族ごとに、前作でお聞きしたエピソードの後に、10年後の現在の様子を加える形で収録した。前作をお読みの方も、そうでない方も、振り返りの意味も含め、続き物としてお読みくだされば嬉しい限りだ。

改めて、今から幕を開ける5組のご家族の物語は、「ダウン症なのに優れている」とか「ダウン症だけど輝かしい成果を収めた」など特別なご家族ではない。「ごくごく当たり前の毎日を生きている」方々ばかりである。

10年後の取材を経て筆者はより一層、彼ら彼女らの生活を、なによりも「幸せな人生」だと感じるようになった。

ご家族の人生をご覧になって……、
「ダウン症って不幸だと思いますか？」
その姿があなたの目に「不幸」と映るだろうか？
読み終えた際は、その問いへの答えを是非聞かせていただきたい。

そもそも「ダウン症」とは？

本題の前に知識を共有する意味でも、「ダウン症の基礎知識」をおさらいしておこう。

ダウン症とは、通常、2本で1組であるはずの21番目の染色体が、1本多く「3本」あることにより起こる染色体異常だ。言い換えれば、ダウン症の子どもとそうでない子どもの差は、たったそれだけ。

正確な呼び名は「ダウン症候群」で、「21トリソミー」とも呼ばれる。ダウンという名称は、英語のアップ（上）・ダウン（下）の「ダウン」ではなく、発見者であるイギリスの医師・ラングトン・H・ダウン氏にちなんで付けられた。

世界的に見ると、1000人に1人の割合で誕生しており、日本でも、年間2200人ほどの赤ちゃんが生まれていると推定されている。

ダウン症＝短命というイメージをお持ちの方がいるかもしれないが、これは現在では医療の進歩により変わってきている。出生時に心臓疾患などの合併症を抱える場合も多く、かつては命を落とす人も多かった。しかし、医療の進歩に伴い、ダウン症の人の平均寿命は「60歳以上」と言われており、健常者と言われる人と比べ、大差はない。

障がいや病気と捉えられがちだが、持って生まれた「体質」と考える方が理解しやすいだろう。よって、治療や手術などの医療行為で治るということではない。ダウン症の人は、知的障がいを伴うことが多い。しかしながら、その度合いはとても個人差が大きいのも事実だ。

そのほかの特徴として、体が柔らかく、人懐っこいなどが挙げられる。ただこれも個人差があり、誰もが人懐っこいわけではない。また、似たような顔立ちをしているとも言われるが、一人ひとりの顔立ちは異なる。そしてまた親子で並ぶ姿を見ると、お父さん、お母さんによく似ており、「やっぱり親子だなぁ」と感じさせられることも多いのだ

松原さんご家族

「幸せは遅れて〝倍返し〟でやって来る」

（※2014年取材当時の収録）

我が子がダウン症であると知った瞬間、当然ながら多くのご家族が戸惑いや不安を覚える。無事に生まれてくるのか？　どんな障がいがあるのか？　中にはその場で初めて「ダウン症」という言葉自体を知る親御さんもいる。

検査で伝えられた事実をどう受け止め、どのように理解していくのかは、お腹に子どもを宿した妻とサポートする立場である夫の間で、その理解とスピードも異なる。

夫婦それぞれ、子どもがダウン症であるという現実をどのように受容していったのか？　どのような未来を思い描いたのか？　高齢出産と言われながらも、約2年前に念願の子どもを授かった松原さん夫婦を訪ねた。

「子どものご飯が終わらなくて……。ちょっと待っててくださいね。ほら、早く食べて!」

最初に訪れたのは神戸市にお住まいの松原さんご一家。

インターホン越しに母、未知《みち》さん(45歳)が、慌ただしく話す。乳幼児を育てる家庭の食卓は、毎日が〝戦い〟である。ご主人の達哉《たつや》さん(50歳)は非鉄金属メーカーにお勤め。長らくホッケーをされていたとあって、五十路とは思えない筋骨隆々の体型が羨ましい。そんな達哉さんの太い腕に抱かれて出迎えてくれたのが、佑哉《ゆうや》くん。8月で2歳9カ月になる男の子だ。

来客でテンションが上がったのか、おもちゃを壊さんばかりの勢いで遊び始めた。やはり、男の子の遊びはワンパクだ。

「2歳9カ月って言っても、まぁ、中身は1歳くらいですけどね」

未知さんが、優しい眼差しで息子を見つめながら、冗談っぽく呟いた。

その眼差しの奥には、さまざまな思いが交錯する。

未知さんは、子どもを授かりたいと思いながら、幾度かの流産を経験した。40歳を超え、4度目の妊娠が発覚。12週目で胎児ドックを受けた際に、2分の1の確率でお腹の中の子どもが、ダウン症であると告げられる。そして、16週で今度は羊水検査を受け、その結果、ダウン症だということが正式に判明した。未知さんは、当時の心境をこう振り返る。

「私の中では、羊水検査とか出生前診断で、仮に障がいが見つかったとしても、胎児をあきらめるという意識はありませんでした。それよりも何かしらハンディキャップや障がいがあった場合、生まれる時にできる限りの準備をしたいと思ったので、『準備のための検査』という認識でした」

障がい者や生活困窮者の就労支援を仕事とする未知さんは、「当然ながら、残念だなとか、悲しいなという気持ちが先立ちました」と前置きしながらも、ダウン症の子どもの出産を前向きに考えていた。しかし、父親である達哉さんは、少し受け止め方が違った。

その日は、激しい雨と共に太陽光が遮られ、昼も夜も薄暗い一日だった。会社にいた達哉さんの携帯電話が鳴った。未知さんからの着信に、「嫌な予感がした」と語る通り、その電話は息子がダウン症であることを告げるものであった。

「正直、とてもショックでした。2分の1の確率と聞いていた段階では、まぁ大丈夫だろうと深く考えないようにしていたので、現実を知って、これから、どうしようと……。産んで大丈夫なのだろうかとさえ思いました」

当時、達哉さんは、「不幸な将来が待っているんじゃないか」「これで家族で海外旅行なんて行けない」と思いつめるまでに未来を悲観してしまっていた。

ダウン症の子どもをこれからどうやって育てていこうかと考える母親。

対して、ダウン症の子がいる家庭のイメージさえ湧かない父親。

さらに、夫婦で解釈が分かれたのは【かわいそう】という言葉だった。

達哉さんが、少しばつが悪そうな表情で弁解するように話す。

「ダウン症だけじゃなく、障がいがあって生きるのは、大変で困難なんじゃないかとか、本人にとって〝かわいそう〟なんじゃないかって思ったんです。そんな話をしたら、妻に『違う！　なんでかわいそうって言うの？』と、えらく怒られまして……」

「だって、そんなこと言うから当然でしょ」と今度は、未知さんが反論。

「ハンディキャップがあって、一般的にできることができない人に対し〝かわいそう〟という言葉は間違いだと思うんです。自分と違うだけで〝かわいそう〟と推し量っても、本人はそんなこと感じていないし、ご家族も子どももかわいそうなんて気持ちで過ごしていないと思うんです」

ご夫婦が以前住んでいたマンションに、身体障がいのある子がいた。親御さんが車椅子で送り迎えをするたび、駐車スペースが隣同士ということもあり、よく顔を合わせていた。その光景を、未知さんは「両親も子どもも幸せそう」と捉えていた。だが達哉さんは、「かわいそうで見ちゃいけない」と捉えていた。

おそらく、世間一般の人の感覚がどちらに近いかと言われれば、達哉さんと同じ考えの人が多いのではないだろうか。もちろん、そこに差別意識があるわけではない。ただ、無意識のうちにかわいそうだと思い、視線を逸らしてしまう。それは、多くの人が取りがちな行為だ。同時に胸中でこだまする〝かわいそう〟という思いが、障がい者を遠ざけてしまう現実を生み出している要因であるとも感じる。

とはいえ、達哉さんは、ダウン症の息子の命をあきらめるつもりは毛頭なかった。ダウン症と判明してから、参考書を読んだり、実際にダウン症の子どもや家族と接することで、その理解を深めた。同時に、自分がダウン症の子どもを育てるんだという意識も芽生えていく。

そんな達哉さんの感情を揺さぶる出来事があった。

ある日、久しぶりに会った友人に、思い切ってダウン症の子どもを授かったことを伝えた。すると、その友人はなんの屈託もなく、ただ嬉しそうに話した。

「よかったね。おめでとう」

それは、子どもが生まれた友人に対するごく当たり前の祝辞の言葉。だが、達哉さんには、その〝当たり前の言葉〟がなにより胸に響いた。

「ダウン症でもいいじゃない、かわいいよって、とても軽い接触で返されて……。よく考えたら、僕はダウン症の子どもができて、周りから同情されて、気を遣われたりするのが嫌だったんじゃないかと思います」

ダウン症児を抱える親御さんが頻繁に遭遇する対応が、「頑張ってね！　大丈夫よ！」という【過剰な励まし】。そして、「大変ね……」という『同情』の2つである。親はそう言われるたびに、自分は大変なんだ、頑張らないとダメなんだ……という負の思いを知らず知らず背負ってしまう。そんな時、ほかと変わらない「普通」に接してくれることが、なによりの優しさだったりする。

「大人の階段」という言葉があるが、これは青年期に限ったことではない。壮年期になっても、老年期になっても、人間は日々階段を上るように人生を歩んでいく。ダウン症の子どもを授かった親が、上らなければならない階段の第一歩目は【ダウン症を受けとめる】ことである。そのためには、まず、実際にダウン症の子のご家族に話を聞いてみるのが一番とも言える。

松原さんご夫妻は、早くにダウン症と分かった分、妊娠中からブログなどを通じて、ダウン症の子のご家族と交流を持ち、心の準備を進めた。

同時に、体が柔らかいので普通の抱っこ紐は抱っこしづらい、ベビーカーもゆったり寝て乗ることができるタイプの方が長く使えるなど、具体的な出産準備にも役立ったという。

親の心配、戸惑いをよそに、日々大きくなっていくお腹。3度の流産を経験していた未知さんは、「とにかく無事に生まれてきて」と、愛でるようにお腹を撫でながら、母親になる実感を深めた。

そして……。

2012年10月12日、長男・佑哉くんが誕生。

臨月の出産だったが、体重2822g、身長45・5㎝の佑哉くんは、室内にこだまする産声にびっくりするほど、元気に産まれてきた。ＮＩＣＵ（新生児集中管理室）に運ばれるも、大きな合併症もなくひと安心。未知さんは、産まれてきた息子の顔を見ながら、初めて「涙が止まらない」という経験を味わった。

「生まれてきてくれて、本当に有り難く感じました。そしてこんなにも小さい体を見て、守ってあげないといけない！　と、強く思いました」

達哉さんも表情を緩ませ、当時の状況を振り返る。

「かわいくてね！　いや……、とにかく、小さくてかわいくて……感想と言われると……やっぱり、かわいかったですね！」

〝かわいかった〟の一点張り。子どもの誕生――それは同時に、どの家庭においても〝親ばか〟誕生の瞬間でもある。

多くの希望と、普通の家族よりちょっぴり多かった戸惑いの中、生まれた幼き命。

当時の佑哉くんは元気いっぱいの毎日。

地蔵のような表情でスヤスヤとよく眠り、起きると目を見開いてママの顔を凝視。時折見せる笑顔に、「あ！　パパ見て笑った」と未知さんは喜びの声をあげる。ミルクをせがんでは泣き叫び、飲み終えたら、またも地蔵のように爆睡。

退院してからはボールをつかんでひたすら舐めまわし、絵本を渡してもとりあえず舐めてみる。お風呂はパパの仕事。かわいい笑顔を見ながら、〝息子はいくつまで一緒にお風呂に入ってくれるかなぁ〟と想像する。

子どもの一挙手一投足に、喜びを小規模爆発させながら成長を噛みしめていく過程は、想像していたのと違い、健常児でもダウン症児でも、大きな差異はなかった。

未知さんはこう言う。

「佑哉は、5カ月で寝返りをマスターしました。離乳食も最初は食べる量が少なくて、一度、母と叔母が摂食外来に連れて行ってくれたんですが、帰ってきたら、バクバク食べるようになって。あまりの変身ぶりに〝なにがあったんだ⁉〟と」

聞けば、スプーンの先3分の1くらいの位置にちょこんと離乳食を盛り、そのスプーンで下唇を合図のように触ってあげると、閉じていた口が、不思議と開くようになったそうだ。些細なことだが、その少しのテクニックが子どもの成長を育んでいく。これは決してダウン症に限ったことではない。障がいも含め、その子どもに適した子育ては百者百通りなのだ。

1歳になると同時に、待機児童を対象とした小規模保育所に入園。

「最初は少し心配しましたけど、通ってみれば保育園の子どもは誰も佑哉をダウン症だなんて思っていませんよね。人間対人間の付き合いですから、色眼鏡で見てしまうのは大人なんですよ。それと、佑哉が保育園のお友達を認識できているのに驚きました。外出先でも、お友達を見つけると、だ〜だ〜と手を振って、本人なりにコミュニケーションをとろうとしているんです」

同年代の子どもと触れ合うことで、佑哉くんは情緒面の発達だけでなく、社会性も身につけていく。

「伝え歩きは、去年の4月に保育園でできてね、今では30秒くらい立っていられるんです。初めての立っちがクリスマスで、もうすぐ歩くかなぁと思っていたら、気がつけば真夏ですよ！　第2歩がなかなか遠いね〜。でも、待つのも楽しいものですよ」

同様に達哉さんも、息子の成長をこう語る。

「たまに、ほかのお子さんを見ると、同い年でもこんなに走れて、お喋りもできるんだと驚きはします。でも、うちの子はうちの子のペースで、昨日より今日の方が成長してるし、今日より明日の方が成長するので、子どもって面白いな、といつも思ってます。実際、普通に育ちますし」

ダウン症の子どもは、同世代の子どもと比べて成長が遅い分、親は【ほかの子と比べようがなくなってしまう】のが常。そのため、「あの子はできたのに、うちの子はできない」「よその子は習い事始めたからうちも」と、他人と優劣を比較する機会が必然的に失われていく。

それが、我が子の成長を見つめることにつながり、まるで、「出世レースからイチ抜けた」ような、落ち着いた心情で子どもと向き合うことができるようになる。「よその子と見比べない」というのは、健常児の育児書などにも書かれているが、実践するのは本当に難しい。だが、ダウン症の子どもに関しては〝隣の芝生は青くない〟のが当たり前なのだ。

未知さんが続けた。

「ダウン症と分かった当初、期待感をリセットする作業が大変でした。パパに似て運動神経がよかったらホッケーさせたい――そんな未来が描けなかったんです。でも今は、むしろ逆に有り難いとさえ感じますね。ホッケーさせてたら、意外と全然ダメで挫折の連続だったかもしれませんし、普通の子どもなら受験戦争もあるけど……うちは、ゆっくり子どもを見つめられる分、幸せだなぁとしみじみ思います」

取材中、パズル遊びに興じていた佑哉くん。遊んでいる最中も、楽しそうにお喋りを続け、「佑哉くん」と呼ばれれば、「ハイ!」のお返事を律儀にも欠かさない。

「毎日、〝宇宙語〟喋ってる感覚ですね。喋れる言葉は少ないですけど、随分増えてきました。飼い犬の名前を呼んだり、アンパンマンって指さして言ったり。でもね、昨日覚えた言葉なのに今日は言わない、みたいな思わせぶりな態度にやきもきすることもありますよ」

ダウン症の子どもに関して【言葉を貯金する天才】と表現されることがある。これは、覚えた言葉を頭の中に貯めておくクセがあるからだ。堅実でゆったりした性格のダウン症の子どもは、貯めた言葉を、すぐに「頭銀行」から〝引き出して使う〟ことをしたがらない。

つまり、ダウン症の子どもは言葉を知らないわけでも話せないわけでもない。親が「早く言葉を引き出して。今、その言葉が必要なの」と言っても、子どもからすれば、「え〜、まだ銀行からその言葉を出すのは早いよ」と、気楽に構えている場合が多いように感じる。

焦って「出せ！　出せ！」と言い続けてしまうと、親を「言葉のオレオレ詐欺」と疑い、頑として喋らない場合もあるのでご注意を……。

松原さんご家族は、子どもが育つ過程を、一つひとつ、ただ純粋に、しっかりと楽しんできた。遅いから、人と違うからといって、そこに焦りや苦悩は感じられない。

そして、佑哉くんの誕生は、ご家族だけでなく、その親世代にも変化をもたらした。出産と前後して、東京に住む未知さんの両親が、手伝いのために神戸へとやって来てくれたのだ。

「母親が、『ダウン症の子どもがかわいいとまわりから聞くけど、どれくらいかわいいか確かめたいから見に行く』って、よく分からない理由でやって来て……。ちょっと手伝いに来るつもりが、気が付いたら居ついていて、この間、とうとう東京の家も売っちゃって。これからどうするつもりなんでしょう」と未知さんは笑う。

ちなみに、未知さんはご両親に子どもがダウン症であることを告げても、反対意見はなかったそうだ。実は、ご両親には、未知さんのお兄さんを「乳幼児突然死症候群」で亡くした悲しい過去があった。当時、お兄さんは11カ月だった。

「昭和40年代のことで、乳幼児突然死症候群なんてまだ知られていなかった時代でしょ。死因もはっきりせず、警察にさえ疑われたと聞いています。両親の胸の中には、その時の悔しさが今も残っているんだと思います」

生まれて1年を待たずに逝ってしまった我が子。そして、新たに生まれたダウン症である幼き孫。「かわいいから見に行く」という言葉の真意は、「死んでしまうと辛いから、ずっと見ていたい」という焦燥感にも似た感情が存在したのではないだろうか。

ダウン症の子どもを「こたつのようだ」と表現する医師もいる。これは、ダウン症の子どもが持つ温かさを求めて、親や兄弟、親戚に友達まで、みんながみんな自然と集まってくるからだ。佑哉くんも同様に、その不思議な力で、遠く離れて住む親世代さえも呼び寄せた。

3年近くに及ぶ息子との日々を、達哉さんはこう振り返る。

「うちの子、大学行けるんかなぁとか、友達と仲良くできるんかなぁとか、将来への不安は、どんな親でもありますよね。健常児でも、ダウン症児でも、親が不安に思うのは当たり前で、ダウン症だから不安という思いはありません。今は当たり前に幸せですし、普通の家族に過ぎません」

未知さんは語る。

「佑哉の人生は佑哉のものです。今だってそうです。保育園に行けば、親の知らない社会、彼の顔があります。この4月に、新入生が入ってきて、先生が『次、どの絵本読みますか?』と聞いたら、周りの子がまだ小さくて歩けなかったり、初めて来て泣く子どももいるでしょ。そしたら佑哉が、すっと立ち上がって、絵本を取りに行こうと本棚に向かったんです。佑哉にとって、それが初めての〝あんよ〟でした。下の子に、『オレ、保育園のルールも分かってるよ』と〝いいとこ〟見せたかったんですよ」

さらに、嬉しそうに、そして、どこか寂しそうにも見える表情で呟いた。

「一緒に生きていくことはできても、彼の人生は彼が歩んでいくんです。彼の人生なんです。ま、今思うと、佑哉は、保育園での男気溢れる一歩から、まだ1回も歩いてないんですけどね。大丈夫かな～。やっぱり不安になってきました（笑）」

松原さんご夫妻は、「佑哉」という名前にこんな意味を忍ばせた。

「『佑』という字は、『たすく』と読み、『人を助ける』という意味があるんです。障がいがあって生まれた息子は、きっとたくさんの人から助けられて生きていくと思うんです。でも、いつかは社会に参加して貢献し、誰かを助ける人間になってほしいという願いを込めました」

それは同時に、「助ける」「支援する」という言葉に違和感を覚えての命名。

「助けるも助けられるも、双方あっての社会ではないでしょうか？」

最後に、佑哉くんの誕生から、およそ半年後に始まった「新型出生前診断」について、意見を伺った。

達哉さんは――。

「子どもが生まれ、自分が同じ立場になって、ダウン症の子どもがこんなにいたんだと分かった部分もあるし、初めて知ったこともたくさんありました。その上で、単純に〝もったいない〟の一言です。

こんなにかわいくて、幸せな思いが待っているのに。特に自分たちのように不妊治療をされたご家族には、もったいないと伝えたい。そのことだけでもいいから伝えてほしい」

未知さんは――。

「ダウン症を避けたいという人が絶対数いるのは仕方がありません。今後、パーフェクトベビーがほしいという願いは、どんどん大きくなっていくと思うし……。私が知っている中には、ダウン症の子どもを産むなんて私のプライドが許さないとおっしゃる母親もいました。でも、障がい児の親になることは負けではありません」

加えて、未知さんはこうも語る。

「なにより、〝ダウン症が分かる検査〟という間違ったキャッチコピーがついてしまったことが、悲しいです」

「胎児のエコー検査では、ダウン症よりも重い二分脊椎症《にぶんせきついしょう》を見極められます。そのために、4Dエコーが受けられる病院を探す行為は、すでに命の選別だと思うんです。妊婦のほとんどが受ける血液検査だって、いろんな感染症を発見するのが目的です。そういう意味でも、私たちはすでに多くの〝出生前診断〟を受けていたんです。それなのに、なぜ、ダウン症だけがターゲットにされたのか……偏りが生じている検査の形態がおかしいと感じます」

未知さんが言うように、通常の妊婦検診で行われている超音波（エコー）検査や、心拍数のモニタリングも広義の出生前診断に含まれる。しかし、狭義での出生前診断は、遺伝学的な検査を指して語られることが多いのが現実だ。

産婦人科専門医である大野明子氏は、「選ばないことを選ぶ」という言葉を用いて、新型出生前診断をこう分析している。

「ほとんどの場合、検査を受けるということは、異常が見つかれば中絶を選択することにつながります。それは『障がいのある子どもはいらない』ということであり、『選ぶことを選ぶ』ことを意味します。他方、検査の意味を知った上で、検査を受けないということは、『選ばないことを選ぶ』ことになります。すなわち、検査を受けるか受けないかを決めるということは、『選ぶ』か『選ばない』かを選択することにほかなりません」

そして、「『いのちの検品』のような検査」とも語っている。

新型出生前診断が開始されてから2年以上が経過し、確実に世間へと浸透しつつある現在（注：2015年当時）。これはもはや、診断を受けた人たちだけの問題ではない。診断を受けないという選択をされた人も、診断を受けて陰性という判定を受けた人も、当然、陽性という判定を受けた人も、皆一様に「いのちの選択」を行っているとも言える。

「陰性」という判定を受けた母親の多くは、こう思うだろう。

「よかった。ダウン症じゃなかった」

それは、人間として当然の感傷である。しかし、お腹が大きくなるにつれ、赤ちゃんが成長するにつれて、「もしダウン症だったらどうしてたんだろう?」と、ふと頭をよぎる時が来る。同時に、「命の選択を行った」という精神的な重圧が、母体にのしかかることを考えると、胎教によくないのは明白である。

「そうそう! 生まれてきて、分かったことがあります!」

と、思い出したように未知さんが話し始めた。

「ダウン症の子どもが、こんなにも〝親に似てる〟とは思いませんでした。ダウン症は、よく似た顔立ちをしているでしょ? でも、それぞれやっぱり親に似ているんです。目元が切れ長な感じは私に似ているし、性格はおっとりしていてパパ似と思いきや、お調子者なところは私に似てます。できないくせに、すぐに『自分がやる!』って言う、前のめりな感じがそっくり!」

前述したが、ダウン症の子どもは、皆一様に、同じような顔つきで生まれてくる。しかし当然、その特徴は子どもによって違う。

なぜ、ダウン症の子どもは、似た顔立ちで生まれてくるのだろうか？　遺伝子異常と言ってしまえばそれまでだが、そこには、何らかの意図が存在しているように思えて仕方がない。

ダウン症の赤ちゃんは、その顔立ちのおかげで早々にダウン症と診断される。まるで、自分がダウン症であることに早く気付いてほしいかのように。それは、赤ちゃんからの、「自分は生きるから見捨てないで」というメッセージのように感じられる。ダウン症の子どもは、生きるのが少し困難かもしれない。しかし、ほかの子どもと変わらず「生きる力」を持って生まれてくるのだ。私たちは、彼らの「生きたい」というメッセージを見過ごしてはいないだろうか？　見捨ててはいないだろうか？

帰り際、未知さんがポツリと呟いた。

「ダウン症の子どもは、運動面や知能面での遅れはあるけど感情面は遅れないって言われてるんです。だからね、イヤイヤ期も、フツーにあるんですよ……。これが大変で大変で。この間も道端で、歩けないのにベビーカーは乗らない！　って言い出して……。じゃあ、あなたベビーカー降りてどうやって歩くの？　って、もう！」

息子の言動をぼやく母の姿は、普通の家族と変わらない。

そんな母親を尻目に、いつの間にやら佑哉くんは、「早くアニメを見せてよ」と言わんばかりに、ＤＶＤの前にちゃっかりと座り込み、嬉しそうに両手を上げ、大きく万歳をした。

「大丈夫、ゆっくりだけど、ボク、生きていくよ！　よろしくね！」

そんな佑哉くんの声なき声が、頭の中に聞こえた気がした。

あれから10年後

松原さんご家族

「人間的なかわいさが大きくなっていく」

～ダウン症の子のかわいさと成長～

元気いっぱい保育園に通っていた松原佑哉くんも、あれから10年が経過し、小学校6年生になった。現在、松原さん一家は神奈川県茅ヶ崎市に引っ越され、父親の達哉さんは、先日還暦を迎えられた。

「ビックリでしょ？　あんなに小さかったのに、今やランドセル背負って、1人で電車に乗って小学校に通ってるんですよ。ま、中身は子どものままですけどね」

未知さんが笑う横で、佑哉くんはせわしなくリビングを動き回る。テレビを見たり、飼い犬のワンちゃんと触れ合ったり、来客を歓迎してくれているのか、今日はどうにもテンションが高めらしい。

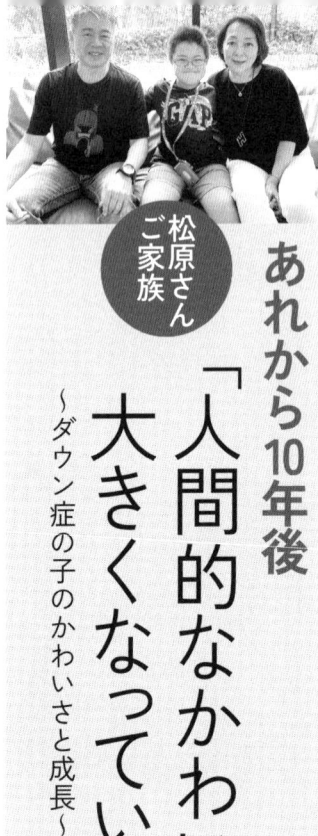

「そうそう、少し前からかな？　自分の部屋で、1人で寝るようになったんです」

見せていただいた佑哉くんの1人部屋は、学習机と一体化したベッドに、本棚には学校の教科書やプリントが並んだ、なんとも小学生らしい空間だ。そして、壁には保育園時代からの写真が、成長の証しとばかりに貼られている。アンパンマンミュージアムにサファリパーク、水族館……。家族写真の中央に写る佑哉くんの大きくなっていく姿に、10年という月日の長さを実感させられる。

「保育園の運動会で校庭を1周したんですけどね。立ったり、歩いたりするのも遅かった佑哉が、一生懸命走る姿に感動してね……。今も思い出すと涙ぐみます」

達哉さんが保育園時代をしみじみと追憶する。

迎えた卒園の先に、ダウン症のある子どもの場合、小学校選びという頭を悩ませる事案が待ち構える。地域の学校の普通学級なのか？　支援学級なのか？　または特別支援学校なのか？　松原さん夫妻も同様に、いくつもの近隣学校を見学してまわった。

「ある学校は、支援学級だけが校舎の2階にあり、下駄箱も普通学級と別々なんです。聞けば〝障がいのある子どもは靴の着脱に時間がかかるから〟って。だったらベンチを置けば解決する話でしょ？

ほかにも、車がビュンビュン行き交う道路沿いを自転車で通わないといけなかったり……」

未知さん同様、達哉さんもまた言葉を探す。

「保育園の友達と同じ学校でも、佑哉だけ別の入り口から学校に入る。昨日まで同じように登校していたのに。なんて説明すれば、友達は納得してくれるのか。いくら考えても答えが見つかりませんでした」

就学について、〝地域の学校に通わせたい〟という希望をよく見聞きする。だが未知さんは、少し思惑が違っていた。

「私は、インクルーシブ教育の推奨派でもありません。地域で育てたいと言うけど、それより共通の理念を持った場所や人と育てたい思いが強かったんです。地域の学校は、校長の意思ひとつで環境が変わる可能性があり、そういう不確かな場所に子どもを預けたくなかったんです」

息子には、どんな学校が合うのか。自問自答を繰り返す中、辿り着いたのがミッション・スクールだった。

佑哉くんが通う『聖ステパノ学園』は、三菱財閥初代当主・岩崎弥太郎氏の孫にあたる澤田美喜氏が、戦後に生まれた混血児の乳児を受け入れることを目的に1948年に設立した「エリザベス・サンダース・ホーム」に由来する。その子どもが学齢期を迎えたタイミングで創設された小・中学校が、聖ステパノ学園だ。1993年より広く外部の子どもを募集するようになり、1学年1学級・20人以内と少数ながら、外国籍の子どもや障がいのある子どもも多く在籍する。

キリスト教の精神に則り、授業は朝の礼拝から幕を開ける。春にはイースター礼拝、秋には収穫感謝礼拝、冬にはクリスマス礼拝などの行事も執り行う。実は未知さん自身もミッション・スクールに通った経験があったのも決め手だった。隣人を愛し、誰にでも分け隔てなく接する。そうした精神が、障がいのある方の受け入れにつながる側面を理解しながらも、実は未知さんにはもう1つ、〝野望〟とも言うべきビジョンがあるそうで……。

「子どもは、誰でも祝福されて生まれてきます。だから佑哉にも、みんなに愛されたと実感できる人生を歩んでほしい。実は私、1つ思い描いている佑哉の将来像があるんです。それは〝教会にいるちっちゃいおじさん〟になってほしいんです。〝おはようございます〟と、日曜日に聖書を配るおじさんね！　来なかったら誰かが気にかけてくれるし、教会は福祉事業所と違って潰れるリスクも少ないですし、親なき後に残せる地域資源じゃないですか」

〝教会にいる小さいおじさん〟の表現に、思わず笑いながら佑哉くんを横目で見る。大谷翔平選手の活躍を自分事のように喜び、台風上陸のニュースにはテレビに映る気象予報士に「台風を連れてくるな!」とクレームをつける。たしかに、穏健であどけなさを残した〝佑哉おじさん〟が教会にいれば、安らぎの存在になるに違いない。

ただ、通うと決めたそばから、ちょっとしたハプニングもあったと達哉さんは笑う。

「受け入れてくれると聞いて説明会にも通いました。すぐに学校に近いマンションを探して手付金も払ったというタイミングで、肝心の10月の試験に落ちてしまったんです。今更別の学校を探すわけにもいかず、右往左往していたら、結局1月の追試に合格して。電話で〝今から来られますか?〟と言われ、〝すぐ行きます!〟って。まったく冷や汗ものでしたよ」

現在、佑哉くんは、出勤する達哉さんと一緒に、毎朝、最寄りの茅ヶ崎駅まで歩いて行く。7時15分に自宅を出て、駐輪場のおじさん、駐車場のおじさんに挨拶するのがルーティンだ。7時29分発の別々の電車に乗り、佑哉くんは学校へ、達哉さんは会社へと向かう。2駅先の大磯駅で降りれば、学校は目の前だ。

入学に際してなにより喜んだのは、障がいに対する先入観がないことだった。書類に「ダウン症」

と書く欄もなく、先生から尋ねられたことすらないという。マラソン大会でも、ダウン症のある子は運動が苦手だから……なんて気遣いもなく、同級生と同じように2・2㎞を当たり前のように走る。〝過度な配慮〟がない分、「松原佑哉くん」という1人の人間性がより鮮明に浮き彫りになる。

学校ではイラスト部に所属し、絵を描くことに夢中だという佑哉くん。基礎となる足し算や引き算、読み書きは、学校の授業に加えて、自宅で両親による〝補習〟を繰り返し、学力を身に付けてきた。

そんな我が子の成長を、未知さんはひょんなことから強く感じたという。

「低学年の頃は〝座り込み〟が頻繁で、デモのごとくまったく動きませんでした。ほとほと困り果てていたんですが、佑哉の様子を見ていて、どうやら先の見通しが立たないと動かないと気付いたんです。佑哉はよく〝明日は？〟と聞くんですが、〝これからは？〟という意味なんですね。〝明日は誰がお迎えにくる日だよ〟と言うと、〝これから〟お迎えがくると思って動かない。高学年になるとだんだん理解も伴ってきて、座り込みも減りました」

歩いたのは2歳11カ月と遅かった佑哉くんだが、今は未知さんと2人、ディズニーランドで2万歩以上歩き、帰りの駅までジャンボリーミッキーを歌いながら歩く、歩く！　付き合う大人の方がヘトヘトになるくらいだそう。

ただ、そんな成長がまさかの事態を引き起こすとは……。それが、今も家族や親戚、関係者の間では語り草となっている〝グリーン車事件〟だ。

ＪＲ東日本の路線では、一部グリーン車両が存在する。２階席からの景観は大層素晴らしく、小学校４年生になった佑哉くんは、「僕もグリーン車に乗るんだ」と密かに決意を固める。通学時に駅のホームに１人立つと、券売機で東京行きのグリーン券を買う。だがこの時は、行き先とホームが違っていたようで、ご丁寧な駅員さんにアテンドされる最中に同級生に見つかり、未遂に終わった。

だが後日。今度は平塚駅発、恵比寿駅着のチケットを間違いなく購入し、颯爽とグリーン車に乗り込む。万が一に備えて佑哉くんに付けたＧＰＳの位置情報を見た未知さんはビックリだ。

「慌てて向かったけど、目の前で電車が出てしまって。ＧＰＳを見たら、どんどん東京の方へ向かってる！　すぐに鉄道警察に連絡して、〝グリーン車に乗っているから〟って伝えたのに、普通車両からしか見てくれなくて。もう一度、横浜駅から乗り込んでもらって保護してもらいました……。〝赤いネクタイの男子、接触完了！　怪我はなし！〟って無線の報告を聞いて、ほんとすみませんって……」

グリーン券の買い方なんて、誰も教えていないのはもちろんだが、保護された当の本人は、グリーン車の窓際に腰掛け、水筒のお茶を味わい深く飲みながら、のんびりと景色を眺めていたそうだ。その落ち着きぶりに、まさか誰も〝逃亡犯〟と思いもしないだろう。

その後、佑哉くんが電車に乗る7時29分、茅ヶ崎駅のホームには駅員さんがスタンバイしてくれるようになり、学校までの道中、さまざまな人が〝ナチュラルサポート〟をしてくれている。

エピソードは枚挙に暇ない佑哉くんだが、放課後は、最近の小学生らしく忙しい日々を送る。月曜日と木曜日は、駅の反対側にある放課後等デイサービス（※通称「放課後デイ」または「放デイ」）まで歩いて通う。水曜日は公文式学習を行う別の放課後デイへ。金曜日はプールのバランススイムクラスに通い、日曜日は教会へ出向く。

そして、火曜日と土曜日に通っているのが、『オーシャンズラブ』という放課後デイだ。

佑哉くんの土曜日は、学校がある平日以上にアクティブだ。これからの楽しみを前に早く起き出し、朝食と身支度を済ませると、自宅マンションのロビーまで降り、お迎えの車がやってくるのを、今か今かと待ち構える。

「行ってらっしゃい！　今日はボードに立てるよう、頑張ってね！」

9時30分。未知さんのお見送りにハイタッチで応えると、車は20～30分ほど走り、『オーシャンズラブ』の事務所へと向かう。

『オーシャンズラブ』は、〝スポーツを通じて障がいのある子どもの笑顔と未来を作る〟をモットーに、2005年に活動を開始した認定NPO法人だ。障がいのある子どもを対象としたサーフィンスクールには、延べ2000人以上の児童が参加。神奈川県から始まり、北海道・秋田県・静岡県・愛知県・大阪府など全国13カ所で展開してきたが、2021年、新型コロナウイルス感染症の影響もあり、茅ヶ崎市を拠点とした放課後等デイサービスを開始した。

夏場はサーフィン、それ以外の季節でもサッカーやバレーなど、時にプロ選手による教室も開催し、スポーツを通じた活動を継続している。

この地に引っ越してきて以来、佑哉くんも長らく通っており、サーフィンを行うこの日も10名以上が参加。集まってお昼ご飯を食べると、ウエットスーツに着替える。体にピッタリと密着するスーツの着脱は難しいものだが、慣れた手つきで〝海仕様〟に早変わり。そこから、少し離れたビーチへとワゴン車で移動。

海岸に到着すると、予め準備をしていた先発隊のスタッフと合流。眼下に海を眺め、はやる気持ちを抑えながら、まずは注意事項の説明を受ける。『オーシャンズラブ』統括責任者である〝イトーマン〟こと伊藤良師さんに従い、『サーフィンのルール』と書かれた3つの決まりを復唱する。単純明快だが、大切な3つ。「1、コーチのいうことをまもる。2、いきものをさわらない。3、みんなでたのしむ」だ。

伊藤さんは言う。

「障がいのあるお子さんは、こだわりが強く、環境の変化に弱い人もいる。でも、自然って自分ではどうしようもないじゃないですか？　否応なしに受け入れないといけない自然と対峙《たいじ》するって、かなりの〝受け入れ力〟が養われると思うんです」

子どもたちは皆決まって、通う前に一定時間の座学を受ける。着づらいウエットスーツも、海に入るために必要だと理解する。波が高いと雨が降っていなくても海に入れないと納得する。実際、太陽が照り付ける真夏に、スーツに着替えて海まで歩き、その場で毒を持つクラゲが出て中止になったこともあったそうだ。それでも自然相手だから仕方がないと、誰一人文句も言わず引き返した。

この日も、いつ雨が降り出すか分からない曇天で、中止の可能性も秘めていた。皆が一堂に会し、準備体操を行い、海水に浸かって体を水温に慣らす。そこから、子どもたちは3チームに分かれてのサーフィンが始まる。

陸で待機する子どもたちを海へと案内する係。
海に入った子どもをボードに乗せる係。
そして、沖へと案内し波乗りに同行する係。

スタッフも大きく3つのチームに分かれ、安全確認を怠らずに連携を図る。

「じゃあ、佑哉くん！　順番だよ！」

スタッフの呼びかけに、自分の番を待ち望んでいた佑哉くんが立ち上がる。「はい！」と、水しぶきを上げて海に飛び込む。腰ほどの水位まで歩き、ボードに横たわると、両手で交互に波をかき、パドリングを続ける。3m、5m、10m……想像していた以上に沖へと進む。そこで、クルリと方向転換。スタッフと共に波が訪れるまで、自然に身体を預けて待機する。ザブン、ザブンと、背後から幾重にも波が打ち寄せる。まだ乗らない……この波は小さい……焦る気持ちを抑え込むように言い聞かせる。

「いい波が来た！　佑哉くん、行くよ！」

機に応じてボードを漕ぐ。鮮明に浮かぶ白い波頭が、大人の肩ほどまでこんもりと盛り上がる。うねりに押し出させるよう、一気に前へ進む。その瞬間、波が首をすくめるようにボードの下に潜り込むと、その反動で押されるように板が斜めに浮かび上がる。陸地では味わえない浮遊感とスピードを全身で味わいながら、佑哉くんが優雅に滑りゆく。あっという間に波打ち際へ到達。砕け散った波の粟粒が、さわさわと音を立てて消えていく中、停まったボードの上に、すっ……と立ち上がり、佑哉くん、両手を広げて決めのポーズ！

「佑哉、滑ってる時に立ってポーズ決めないと意味がない！」

見学に訪れた未知さんのツッコミをよそに、ドヤ顔で陸へ戻ると、笑顔で全員とハイタッチを交わす。そして、また自分の番が来るのを待ち構え、何度もサーフィンにトライし続ける。

大人でも恐怖を覚えるような高さの波を前にしても、潮目に巻き込まれたとしても、彼らは誰もが笑顔で挑んでいく。海は、障がいがあろうがなかろうがお構いなく、無論、〝障がいに配慮した波〟なんて存在しない。参加する側もそれを理解した上で、サーフィンに対峙《たいじ》する。そんな姿を見て、「陸の上」より、「海の上」の方が平等という皮肉めいた現実に駆り立てられる。

放課後等デイサービスとして、なぜサーフィンを行うのか？　伊藤さんにその意味を尋ねると、こんな答えが返ってきた。

「サーフィンは技術的にも不安定で難しいスポーツ。加えて、いい波が来るかどうか自然条件が整うのが難しく、10年かかって今年初めて立てた子どももいるくらいです。だからこそ得られる成功体験も大きいと思うんです。ゆっくり解釈して、自分なりのチャレンジの中で達成できたことに、大きな意味があるんです」

自然を相手にする『オーシャンズラブ』では、「海から陸へのノーマライゼーション」という理念を掲げている。

「海で学んだことを、自分の生活に戻った時に役立ててほしいんです。障がいへの理解だけでなく、たとえば困った人に声をかけてあげるとか、小さなことから始めても構いません。とにかく、〝この場だけの優しさにしないでください〟と、口を酸っぱくして伝えています。この経験を地域に、自分たちの生活に持って帰ることで、優しさが根付いていくはずですから」

なんと実は、この日参加していた10名以上のスタッフは、全員ボランティアなのだ。陸から海へ誘導。ボードのサポートに、沖への案内と、各自が巧みに連携し合い、その日集まったメンバーで安全のネットワークを張り巡らせる。

「山梨県から昨日、茅ケ崎にやって来ました。保育関連の仕事をしていて、ここでの体験が、子どもと接する時に役立つかと思って」

「静岡県の吉田町から来ました。自動車関連の仕事をしているのですが、『オーシャンズラブ』のボランティア体験の話を聞いていて、念願かなって今日来ることができました」

これまでに参加したボランティアの人数は延べ8000人以上に上る。その9割以上は障がい福祉と関係のない職業だと聞かされ一驚する。難病を経験し社会貢献の大切さを実感した人、教職に就いている人、介護職で日々高齢者と向き合う人、地元の主婦など……職種やバックグラウンドはさまざまだが、参加費を支払ってまでボランティアを申し出る。

『オーシャンズラブ』を支えているのは、こうしたネットワークであり、伊藤さんもまた、2011年にボランティアとして関わったのが、入社のきっかけだった。

「元々はアスリートのマネジメント会社を経て、スポーツ専門のテレビ局で働いていました。2011年の東日本大震災を機に、〝人の役に立つことがしたい〟と思って、ネットでサーフィン、茅ヶ崎、ボランティアで検索して、ここに辿り着いたんです」

端緒は人それぞれでも、子どもたちの笑顔が見たくて、また来たくなる。そうして、集まったメンバーで、その日最大限のチームワークを作る。この不思議なサイクルを、伊藤さんはこう表現する。

「僕は〝喜ばれる喜び〟って言っているんですけど、目の前で子どもたちが楽しそうな笑顔を見せてくれることに、はまったんですよね。エンタメ要素が強いスポーツとは、また違う楽しみを感じたんです。全力で競技を楽しんで、成功したら全力で喜んで……。見ているこっちが嬉しくなってしまうんです」

「イトーマン！　イェイ！」

目を細めて喜ぶ伊藤さんに、佑哉くんは絶えずハイタッチを求める。

「佑哉くんの笑顔にはまいりますね。最初の頃は海から帰りたくないとゴネて、1時間半くらい砂浜で遊んだこともありました。クラスでもマスコットボーイ的存在で、お世話するというより、自然と誰かに支えてもらっています。愛される、支えられる才能を、生まれながらに持っていると思いますね」

曇天のもと、雲間から顔を見せた太陽のような笑顔が、周囲を明るく照らす。

未知さんは、『オーシャンズラブ』での体験をこう解釈する。

「私が子どもを育てる上でのポリシーが、〝本人の失敗する権利を奪わない〟なんです。正直、親がやってしまった方が早いし安全でしょ？　でも、失敗の果てに獲得する経験も多い。佑哉も、ゆっくりだけど失敗しながら成長しています。だって、どんな経験も喉元過ぎれば笑い話ですから！」

親としての素懐《そかい》に、伊藤さんもこう言葉を連ねる。

「スポーツがいいと思う大きな要因は、失敗の経験ができるから。むしろ、失敗した方がいいくらいに思っています。サーフィンなんて、上手くいかない場合の方が多くて、〝負けた経験〟をたくさん積んでほしい。同時に、そうした経験ができるのは、支えてくれるボランティアがいるからだと、子どもたちは誰よりも理解しています」

サーフィンの終了時には、海に一礼、そしてボランティア・スタッフに一礼。しっかりと丁寧に頭を下げると同時に「ありがとうございました」と感謝を述べて、ビーチを後にする。

ボランティアの人たちも後片付けと共に帰り支度を始める。「じゃ、お疲れ〜」と、地元で暮らす女性は自転車で自宅に戻る。遠距離の人は砂を落として車に乗り込み、帰路につく。

早いもので、佑哉くんも間もなく中学生になる。最後に松原夫妻に、愛する息子の未来について伺った。

「スポーツ観戦が好きで、サッカー、野球、アイスホッケーと、2人で観戦に行っても、今は試合の最後まで観ていられるようになりました。あとはもう1つ、自立した時の軸になる将来的な趣味を見つけたいなぁと」

達哉さんは同時に、ホッケー部の先輩である方の言葉に、息子の将来が楽しみになったと破顔する。

「その方は息子さんが3人いて、次男と三男は成人して家を出たのですが、長男に自閉症があり、36歳の今も自宅で一緒に暮らしてるんです。ある帰り道、電車で佑哉のことを話していたら、こう言われたんです。〝子どもはかわいいだろう？　うちも36歳だけど……かわいいぞ！　これからどんどんかわいくなるから、離せねぇぞ〟って」

子どもに対する「かわいい」という言葉は多様な意味を含む。生まれた当初の赤ちゃんのかわいさ。

成長途上の幼いかわいさ。もがき悩む青年期のかわいさ。そして成人してからも、今までとまた違うかわいさの感情が頭をもたげる。

人生のライフステージごとに姿を変える「かわいい」という言葉。障がいのある子どもとずっと一緒に暮らす姿を、「大変そう」「かわいそう」と受け取る人もいるかもしれない。しかし当の親御さんは、ただ子どもを愛する気持ちが、年を重ねるごとに大きくなっていくのをそばで感じているだけなのだ。

親元を離れた時、働き始めて稼ぎを得た時、家庭を持った時……その様子を世間は「自立した」と言い表す。だが、それだけが自立ではないと感じる。親と一緒に暮らそうとも、子どもには子どもの人生があり、親は親の人生を歩んでいるなら、それは彼らなりの「自立」なのだと思い定める。

「佑哉がかけがえのない存在なのは当たり前で、赤ちゃんのような幼いかわいさとは違うけど、人間的なかわいさが大きくなっていく感覚です。意思疎通ができる中で、彼の中に思いやりの気持ちもあって……。最近はもう、かわいいというだけでいいのかなぁ、なんて思ってしまいます」

佑哉くんが生まれる前までは、障がいのある親子の様子を「大変そう」と眺めていた達哉さんだが、今こうして我が子を見守る視線は、慈しむような愛情に溢れていた。未知さんは最後に、こう言い添えた。

「最近改めて、佑哉の「佑＝たすく」の文字に込めた想いを感じるんです。助けてもらうだけでなく、本人なりの目線で社会貢献できる大人になってほしい。私の中で、それが〝教会のおじさん〟なんです。ピッタリだと思うんだけどな〜！」

執筆中、『オーシャンズラブ』の伊藤さんからメールが届いた。後日のサーフィンで、佑哉くんが海の上でボードに立ったと言うのだ！　添付された写真には、燦燦《さんさん》と降りそそぐ陽光のもと、嬉しそうに波に乗る勇壮な姿が写っていた。

「ママ、任せといてよ！　僕、めっちゃイケてる教会のおじさんになって、聖書配るから！　パパ、大人になってもタイガースの試合、見に行こうね！　約束だよ！」

心得顔で話す力強い言葉が、写真から聞こえた気がした。

ダウン症と余暇活動（早期老化を防ぐには）

サーフィンに限らず、ここ数年、障がいのある方の余暇活動も、少しずつ充実してきたと感じる。ダンスや水泳、サッカーや柔道……ダウン症クラスの大会を設ける競技も出始めるなど、裾野が広がりつつある。

こうした余暇活動は、子どもに限らず成人においても、その必要性を訴える声が高い。

お酒の席で、あるお父さんから、こんな後悔を聞いた。

「20歳を超えてからかなぁ、どうしても、作業所と自宅の往復が続いてしまって、ふとした時を境に、昨日できていたことが急にできなくなってね。あれよあれよという間に生活力が落ちて、喋る言葉数も少なくなってしまった。今となっては遅いけど、もっと早い段階でなにかしてあげられたんじゃないかと……」

親としての後悔を飲み干すように、グラスを空にしてうなだれた姿が、今も忘れられない。この保護者に限らず、ダウン症のある人の場合、青年期を迎えると、突然生活能力がパタッと落ちるケースが数多く見受けられる。こうした現象は「早期老化」とも言われ、大きな研究課題になっている。その理由に関しては、ダウン症の場合、〝ダメージを受けやすい〟という点も指摘されている。身近な親族の逝去、兄弟姉妹の引っ越しや結婚による環境の変化などが、心身に大きな影響を及ぼすのだ。

同時に、ダウン症の人は、ゆっくりとだが確実に成長する半面、学校を卒業し、社会に出た途端、「成長するための学びの場」が極端に減ってしまうのも関係している。筆者自身、学生時代よりも働き出してからの方が提出物や業務に追われ、思考を巡らすことが増えた。多くの人が感じる社会人の実感だろうが、ダウン症の人の場合、どこかで学ぶことを諦めてしまう瞬間があるように感じる。

「もう成長しなくていいんだ。もう頑張らなくていいんだ」

そう感じさせてしまう現実が、成長を止めてしまう一因でもある。

そのためにも、重要になってくるのが余暇活動の充実なのだ。作業所と自宅の往復だけにならないよう、日々の生活の刺激となる課題を見つけて成長を促す、仲間を見つけて切磋琢磨する——そうした場所が必要になる。

松原さん夫妻が言う「自立した時の軸となる趣味を見つけたい」という言葉は、小学生という早い段階から余暇を見つけるという、将来を見据えた取り組みでもある。

いずれにせよ、現状維持を掲げていると、そこから落ちていくのが人間の常……。決して後悔しないように、早い段階から生活の中に余暇を組み込むことを考えてほしい。

佐々木さんご家族

「学校に通えないのは〝当たり前におかしい〟」

（※2014年取材当時の収録）

ダウン症の子どもを抱える親御さんにとって、「出生時の戸惑い」の次に訪れる悩みが「学校の選択」だろう。

ダウン症の子どもとその保護者が学校を選ぶ場合、大きく分けて4つの選択肢がある。

1つが、心身障がい者を対象とした「特別支援学校」。それぞれの年齢に応じた教育に準ずると共に、生活の困難からの自立を図ることも目的としている。かつては「養護学校」とも呼ばれていたが、2007年の学校教育法改正と共に名称が改められた。

次に「特別支援学級」。これは、障がいのある子どもたちを対象に、各学校内に置かれる少人数の学級だ。障がいが比較的軽度な子どもの場合、支援学校ではなく支援学級を選択する場合も多い。

3つ目が、「通級指導学級」。普通学校に通いながら、通常の指導では効果を上げることが困難など、その状態に応じて指導教室で授業を受ける。ただ、ダウン症の子どもは言語障がいがある場合が多く、通級指導は少ないのが現状だ。

そして、健常児と同じ学校に通い、変わらぬ授業を受ける「通常学校の普通級」。この4つである。

子育てから「教育」へと舵を切る中、子どもの知能と冷静に向き合い、適性を見極めて学校を選択する。それは、親として大いなる苦悩である。そして、ダウン症の進学には、進みたい学校に通えない＝〝拒否される〟という問題が、悲しくも存在する。

そんな障がい者を取り巻く社会に異議を唱え、愛する息子のために立ち上がったご家族がいらっしゃる。

大阪市営地下鉄・東三国駅を降りてすぐ。幹線道路から一本入った路地にある入口の扉を開け放つと、軽やかなイングリッシュが耳に飛び込んでくる。

「騒がしくてすみませ〜ん。もう、ここだけ外国みたいでしょ？」

出迎えてくれたのは、英会話教室を営む佐々木サミュエルズ・スティーブンさんと、純子さんご夫妻。

180cmオーバーのスラッとしたスタイルのスティーブンさん（37歳）は、ニュージーランドで生まれ、イギリスで育ち、日本へとやって来た。

対する奥さんの純子さん（45歳）は信濃の国・長野県のお生まれ。ロンドンの大学に進学し、そのまま就職。永住権も取得し、派遣会社など多種多様な職業で「イギリス人」として働いてきた。

そして、映像関連のビジネスに携わった際に、カメラマンとして働いていたスティーブンさんと出会い、なんと……交際半年での電撃婚約！　もう運命の出会い！　ドラマみたい！　と、筆者が興奮していると、純子さんがバッサリ……。

「現実はそうでもありませんよ。うちの親に油絞られ、怒られましたから。『半年で婚約ってどういうことだ！　周りから、お前が男前をだまして結婚したって陰口言われるぞ！』とまで言われて。実の娘に言うセリフか、と思いましたね」

当の2人は、周囲の心配もどこ吹く風とばかりに気楽に考えていたようで、スティーブンさんは、婚約の理由を「だって、四六時中一緒にいるんだし、一緒に暮らした方がいいでしょ？　当時は、なにをやっても〝仲が良かった〟し。……あ、いや！　今でも仲がいいんですよ！」と奥さんの顔色を伺いながら、〝仲が良かった〟という過去形を、すぐさま訂正。奥さんへの細かな気遣いは、もはや立派な日本人だ。

婚約から3年経って結婚式を挙げることとなり、困ったのは「式場の場所」。ご主人の故郷・ニュージーランドで挙式すれば、イギリスからは飛行機で28時間、直行便もない。対して、純子さんの故郷・日本で挙式すれば、イギリスからは13時間。さらに、ニュージーランドから日本へも11時間で行けるとあって、〝地の利〟で勝利した日本で執り行うことに。

選んだ式場は、京都・平安神宮だった。電話やメールでやり取りを進め、式の前後3週間だけ日本へと帰郷。慌ただしく準備を行い、無事に結婚式を終えてイギリスへと戻り、とりあえず、これで一段落……と思いきや、スティーブンさんが、突然こう呟いた。

「日本で暮らしてみたい」

わずか3週間の滞在だったが、日本の雰囲気に魅せられたスティーブンさん。『ひょっとして、愛する妻が生まれた国に住んでみたいという思いもあったのでは?』と聞くと、すかさず純子さんが、「ないない! もうね、この人、先々のことを考えない性格なんです」と、ぼやき節。

ご主人のジャパニーズ愛に押され、ご夫妻は、2007年大阪へと国をまたいでの引っ越し。その年の8月には英会話教室を開いた。

教室オープンから1カ月が経過した9月。

その日は友人と、結婚式を執り行った平安神宮に観光に行く予定だった。しかし、朝からどうも体調が優れない純子さんは病院に……。すると、「おめでとうございます」と告げられ、〝おめでた〟が判明。

「とにかくビックリして。ごめん、赤ちゃんできた！　って夫に伝えて、せっかくなんで、結局、平安神宮にも行っちゃいました。おかげさまで妊娠も報告できました」

〝十月十日〟の妊娠期間を経て、2008年4月に、長男・ジェイミーくんが誕生。この時、純子さんは39歳だった。

「かわいくてかわいくて。ずっと抱っこしていたかったんですけど、帝王切開だったので、消毒のため生まれてすぐに別室に運ばれたんです。よその子と入れ違ったらどうしよう！　大丈夫⁉　って心配ばかりでした」

一方その頃、帝王切開のため出産での立会いが許されず、不満タラタラのスティーブンさんは、医師から突然、別室へと呼び出される。驚くスティーブンさんに、医師はこう話した。

「お子さんはダウン症かも知れません」

生まれたその日に受けたダウン症の告知。同時に、こうも伝えられた。

「奥さんに負担をかけないよう、この事実はお父さんだけに伝えます」

出産直後の母体に負担を与えないようにとの配慮から、今でもダウン症の最初の告知は「父親だけ」に行われる場合が多い。

だが、「言わないように」と釘を刺されたにもかかわらず、スティーブンさんは告知を受けたその足で純子さんのもとへ向かい、「ダウン症らしいよ」と、ありのまま伝えてしまったのだ。

「だって〝夫婦の間に隠し事はなし〟というのが決まりだったから、彼女にも伝える義務があると思ったんだ……」と語るスティーブンさん。


麻酔が醒め切らずボーッとしていた純子さんは、こう思ったそうだ。

「周りは赤ちゃんを抱っこしてるのに、うちだけ『ちょっと検査しますね』って引き離されて、早く抱っこしたいなぁって思ってたら、主人がツカツカってやって来て『ダウン症だって。でも、妻には伝えないでって言われた』って、それ私に言っちゃだめじゃん!」。

運命の告知に対する医師の配慮も、この時ばかりは空振りに終わった……。


しかし、ご夫妻にとって、医師からのダウン症についての説明には、満足がいく答えがなかった。症状については「インターネットで調べてください」。挙句の果てに、「ま、奥さん、高齢出産だから仕方ないでしょ」と言い放った。


純子さんは悔しさをにじませながら語る。

「イギリスもそうだけど、海外では40代での出産は日常茶飯事。高齢出産なんて言い方もしません。

冊子もなにも見せてくれなくて、なんのためのドクターなのだろうと呆れました」

とはいえ、生まれたばかりのジェイミーくんには、この時すでに、生きていくために越えなければならない壁が、いくつも立ちはだかっていた。肛門が未発達な「鎖肛《さこう》」が見つかり、ミルクが飲めずに栄養を摂取できないため、24時間以内の手術が必要な状態だった。

医師への怒りをひとまず胸にしまい込み、翌朝、ジェイミーくんは、5時間もの手術に挑む。「手術中」のランプが消えると、両親は別室へと呼び出された。狭い部屋に、前列の医師は座り後列の医師は起立しと、記念撮影を行うのかと思うくらいの大人数に囲まれた瞬間、夫婦は最悪の事態も覚悟したという。

しかし……「おめでとうございます。成功です」

手術は無事成功。そして、医師は嬉しそうにこう告げた。

「いやぁ〜美しいお尻。見事なビューティフル・アヌスでしたよ」

医師団が立ち去った後、緊張感から解放されたご夫妻は、こみ上げてくる笑いを抑えることができなかった。

「だって、ビューティフル・アヌスって美しい肛門って意味ですよ。言うなら、ビューティフル・ヒップでいいのに」

その後、オムツ替えでジェイミーくんのお尻をみるたび、「オ〜！　ビューティフル・アヌス！」と言うのが、夫婦の間の鉄板ギャグとなった。


出産から1カ月経過した頃、ジェイミーくんは退院し、初めての自宅へ。

だが、3000gを超えたばかりの幼い命に、ゆっくりする暇さえも与えられなかった。8月には心臓のカテーテルの手術を行う。

「透き通るような色白の肌だったんですけど、手術したら血色がよくなりました」

と、安心したのも束の間。通常であれば10日ほどで取れるはずの人工呼吸器が、3週間経っても外せなかった。

『風邪をひいたら、戻ってこれないと思ってください』とさえ言われた。

ようやく管が取れて退院。久しぶりに家へと帰ってきた息子に、おもちゃを買ってあげようと、両親はおもちゃ屋さんに向かった。

「ずっと病院で、落とすと危ないからガラガラくらいしか渡してなかったんです」

息子の笑顔を思い浮かべ、喜び勇んで家に戻ると、ジェイミーくんを抱っこしていた祖父から「この子、熱い気がする」と言われ、体温を測ったら42度の高熱。

『風邪をひいたら、戻ってこれないと思ってください』

医師の言葉が、大きな鐘の音のように頭の中に鳴り響いた。すぐさま救急病院に向かったが、この日は休日で、薬さえもらえなかった。

「とにかく氷をたくさんもらって、ただただジェイミーに当て続けました。熱で氷がすぐ解けるから、またもらって当てて……を夜中ずっと繰り返しました」

翌朝、ようやく診察を許された結果、「メチシリン耐性黄色ブドウ球菌（MRSA）感染症」という院内感染が判明。再び自宅に戻れたのは10月のことだった。

翌年1月には、消化管の動きを制御する腸の神経節細胞が生まれつきなく、便秘症や腸閉塞を起こす「ヒルシュスプルング病」の手術を受ける。今度は、12時間を超える大手術だった。

ご夫妻は振り返る。

「家でゆっくりしたのは、いつでしたっけね……。ジェイミーは、6カ月にして激動の人生を歩みました。そして、本当によく頑張ったと、手術のたびに抱きしめて喜びました」

生死の境を幾度も乗り越えたジェイミーくん。だが、本人はそんな苦悩を知ってか知らずか、いつでも、どこで誰を見かけても、笑いかけるのだという。

「もう、笑顔の種類が豊富で！　表情が豊かで、家族にも、親戚にも、看護師さんにも、検診にやってきた保健師さんにも、近所で会ったおばちゃんにも、誰にでも微笑みかけるんです」

初めてのスーパー、初めての遠出、初めてのお風呂……小さな成長に、ご夫妻は最大の喜びを感じた。ささやかな日常が、ジェイミーくんの笑顔で感動の日々へと変わった。

「生まれてきた初日から、目の前にある命をつなげることに必死でした。でも、どんなにしんどい思いをしても、ジェイミーは屈託のない顔で笑うんです。〝今日、彼が笑って生きてくれていたらそれでいい〟、それが夫婦の間の合言葉だったように思います」

1歳になったジェイミーくんは保育園へ通うことになった。

保育園は、自宅から目と鼻の先。窓を開けると保育園が見えるとあって、心配性のスティーブンさんは、カメラの望遠レンズを覗き込み、ジェイミーくんを見守った。

「もう、わが夫ながらストーカーですよ」と純子さんは笑う。

やがて、純子さんは2人目のお子さんを授かる。ジェイミーくんも3歳、年少さんになった。だが、またしても事件が起こる。

ある日、保育園で椅子に座っていたジェイミーくんが頭から転倒し、出血。純子さんは、慌ててタクシーで病院へ向かうと、衝撃の事実を知らされる。ジェイミーくんは、ウロウロするという理由から、食事の際などに拘束具をつけられていたのだった。

保育園から「補助椅子」を使用しますとは伝えられていたが、実際には「拘束具」。そのため、身動きがとれず頭から転落してしまったのだ。


純子さんは怒りを静めて保育士に聞いた。

「子どもたちに、ジェイミーのことは言いましたか？　どう説明しましたか？」

すると、保育士が答えた。

「3歳や4歳の子どもたちに言っても、分かりはしませんよ」

だが、事故の後、同じクラスの子どもたちは、口々に話した。

「あのね、ジェイミーくん、毎日縛り付けられてたんだよ。みんなで、かわいそうって……先生にも言ったんだよ」。


人員不足から、ダウン症の子どもの面倒を見ることができず、保育士が目を離した際の事故。純子さんは、そのことを責めるつもりはなかった。ただ、「保育士」という立場の人間が、健常な3〜4歳児の能力を信用していないことが許せなかった。


6月に別の幼稚園へ転園。

すると今度は、打って変わって、ジェイミーくんのことを積極的に理解しようとしてくれた。幼稚園教諭もダウン症について勉強し、教室ではなく、テラスにジェイミーくんのテントを張って一緒に過ごしてくれたのだ。これは、テントの中であれば少人数で触れ合える、ジェイミーくんも困らないという配慮。慣れと共にテントを教室内に移動し、テントなしでも皆といられるようになった。

「保育園でも幼稚園でも、ほとんど設備は変わりません。やっぱり、いらっしゃる先生の思いで、子どもへの対応は大きく変わるんだなぁと思いました。もちろん、障がい者の入園自体を拒否される幼稚園もありました」

そして、純子さんは、溜息と言葉を同時に吐き出すように続けた。

「身に染みる経験をしたからこそ……小学校をどうするかについては、悩まされました」

2014年5月。ジェイミーくんの小学校入学までおよそ1年という頃。

うちの子は通常学校へ通えるのだろうか？　通うとすれば、先生たちは対応してくださるのだろうか？　佐々木さんご夫妻は、胸一杯の不安を抱きしめ、学区内にある小学校へ面会を申し込んだ。

対応してくれたのは教頭先生。純子さんは、ジェイミーくんの生い立ちから現状を詳しく説明し、学校に通いたい旨を伝えた。しかし、返ってきたのは予期せぬ答えだった。

「先生の確保に手間がかかるので、支援を厚くすることはできません」

「加配の先生を増やすのは、予算が厳しくてできません」

「教育委員会へ依頼しても、難しいから、しません」

「たった1人のお子さんのために、そこまでできません」


ご両親は、あまりにも無頓着な言動の連続に耳を疑うしかなかった。なにより、教頭先生は、面会の間、一切、ジェイミーくんを見なかったのだ。同時に、友達との関係性、教師の言動への理解度など、「学校に通うことを前提とした必要なこと」も、なに一つ尋ねなかった。そこに、「ジェイミーくんに通ってほしい」という思いは、微塵も感じられなかった。


それでも純子さんは、通常学校へ通わせたい一心から、息子の成長に関して譲歩し、こんな言葉さえも伝えた。

「私は、息子によい点数を取ったりという〝学習としての学び〟は期待していません。でも、〝人間としての学び・成長〟を期待しているんです」

それは、絶望にも近い叫びだったかもしれない。

「学校側も、悪意や差別意識はなかったと思います。ただただ、この問題が早く目の前から過ぎ去ってほしいという気持ちを感じました。だって、わざわざ〝この人を差別してやろう〟という悪人はそうそういませんから。差別を生むのは、面倒くさい、自分には関係ないという無関心だと思うんです」

〝親として最低限の願い〟とも感じられる純子さんの思いは、無視されたのだろうか……。それから、3カ月にわたり、学校側からの連絡はなかった。

時すでに9月。教育方針によれば、本来であれば、幼稚園や保育園に対し、進学に応じて支援が必要な児童の把握を終わらせていなければいけない時期のはずだった。しかし、誰からも連絡はなかった。

ご夫妻は、区役所へ電話を入れた。「教育委員会へ電話してください」。今度は教育委員会へ電話をした。「学校側の依頼がないと対応できません」。たらい回しにされるその言葉からは、〝お宅だけ特別扱いはできない〟――そんな冷淡な気持ちが感じ取れた。


9月下旬、教頭先生から「ジェイミーくんについて話がしたい」と連絡を受ける。〝今度こそ〟――ご両親は、一縷《いちる》の望みを胸に学校へと向かった。だが、会議室に通してもらえなかったばかりか、建物の中へさえ入れてもらえなかった。

校門での立ち話。教頭先生は最終通告とばかりにこう伝えた。

「教育委員会への依頼はしません」

純子さんは振り返る。

「この日どのような心境で、どのような会話をして帰ったかも覚えていません。ただ……私たちが抱いた感情は、怒りではなく、『絶望』に近いものでした」

我が子の進学にこれほどまでの困難がのしかかってこようとは、想像さえしていなかった。

打ちひしがれたご夫妻は、同時期、特別支援学校の見学にも出向いた。

当然、通常学校とは違い、先生もウェルカムモード。好き嫌いはありますか？　など、長時間過ごすことに関して必要な質問ばかりを投げかけてくれた。両親は、大きな安心を感じた。

「来てほしい学校と、来てほしくない学校」という2つの選択肢。

そして、その先にあるのは、「ジェイミーくんの幸せな将来」。

ご夫妻の心の天秤は、特別支援学校へと大きく傾いていた。

スティーブンさんは、その時のことをこう語る。

「望まれていないところに行くより、望まれる場所に行く方が、ジェイミーも幸せなんじゃないだろうかと思いました。でも、今思うと、ジェイミーにはこっちがいい、こっちがいいに違いないと、なんとか自分を説き伏せていたように感じます」

自分の気持ちは、選択は、正しいのだろうか……？

答えを出せぬまま、ご夫妻は、久方ぶりにイギリスへ戻る。そして、ある晩、友人でもある小学校の教頭先生から、こんな話を聞かされたのだった。

「まいったよ〜。今度、うちの学校に特別仕様の車椅子に乗った身体障がいの児童が通学してくるんだよ」

その言葉に、「どこの国も同じだな……」、瞬間的にご夫妻はそう思った。しかし、物語の導入部分は同じでも、そのエピローグは大きく違っていた。

「だからさ、休みの間に今ある校門を破壊して、車椅子が通れる広さをキープしようと思うんだ。あと、その子どもは咀嚼《そしゃく》力が弱いらしくてね。給食もミキサーにかけてペースト状にしてあげないといけないから、食べさせ方も含めて、その講習を先生たちにしないといけないんだ。ホント大変だよ」

そう語る教頭先生の顔には、言葉とは裏腹に充実感溢れる笑みが浮かんでいた。

「たった1人のために」学校の構造さえ変えるイギリス。

「たった1人のために」時間は割けないと拒否する日本。

帰り際、ご夫婦にはさまざまな思いが交錯し、言葉が出てこなかった。ただただ、下を向いて歩き続けた。そして、長らくの沈黙の後、スティーブンさんがこう呟いた。

「日本は、道路も問題なく整備されている。電車も時間通りに遅れることなくやって来る。傍目《はため》には、とても美しい国かもしれない。でも、町を歩いていて、障がい者をあまり見かけないよね……」

ロンドンでは、目が見えない人、義足で通勤する人もたくさんいた。学校にも、両手がない先生、車椅子の先生もいた。そんな人を見かければ、なにも言わずに、車椅子を押したり、肩を貸してあげた。それが当たり前だった。

スティーブンさんの言葉は、日本を愛するからこその疑問だったのかもしれない。その言葉を胸の中で反芻《はんすう》し、2人とも涙が溢れた。

《障がい者は孤立する》

それは、「分け隔てなく生きていくこと」よりも、「分け隔てて生きていくこと」の方が、両親も、社会も〝助かる〟からに過ぎない。少しの気遣い、優しさがあれば、本来、暮らしていけるはずの場所をあきらめ、迷惑をかけないように、気が付けば、みんなみんな、その姿をそっと消してしまうのだ。

そうして、〝できない人〟が目の前にいない現実が作りあげられる。それが本当に、満足な社会なのだろうか？　優しい社会なのだろうか？

佐々木さんご夫妻も、特別支援学校で、先生からこう言われた。

「通常学校との交流も、年に2回はやってますので、残念と思わないでね」

先生からすれば、慰めも含めての言葉だった。しかし、「2回だけの世間との交流」は、夫妻にとって慰めではなかった。ジェイミーくんが慰み者になってしまう、そう感じた。

「ジェイミーは……健康になった。あんなにたくさんの手術を経験して、生きていける身体になった。生きてもいいよって、神様がおっしゃった。それなのに、なぜ、なぜ……。小学校に行けないのでしょう？」

純子さんは、涙をこぼし、声にならない声を震わせた。

悩み抜いた挙句、ご夫妻が辿り着いたのは、とてもシンプルな考えだった。

「支援が必要な子も、そうでない子も、皆が同じ場所に一緒にいられるべきだ」

ご夫妻は、ジェイミーくんの進学先として、支援学校ではなく「通常学校」を選ぶことを決意する。

その決断に対して周りから、こんな言葉もかけられた。

「弟もいるんだよ。これから、〝嫌がらせ〟を受けるかもしれないよ。大丈夫？」

一度学校側から拒否されていることを考えても、それは困難な道のりだった。それでも、ご夫妻が感じた疑問。

「ジェイミーが学校に行けないのは当たり前におかしい」

その思いに忠実に従おうと決めた。

同年11月。佐々木さんご家族は署名活動を開始。

学校側の対応や経緯、そして自分たちの思いを記したパンフレットを制作し、その内容を吟味してもらった上で、署名してもらうよう心がけた。

「同情の署名は必要ないと思ったんです。選挙ではありませんから、〝一票の重み〟とはまた違うんですけど、皆さんにどう思うかの意見を聞いた上で、署名してほしかったんです」

「頑張ってね」「奥さんは間違ってないよ」「負けないでね」

多くの励ましの言葉を受けた。そして、ご夫妻の胸を揺さぶったのは、ダウン症よりも重い障がい児を持つ親御さんからの声だった。

「うちの子は、体がほとんど動かないけど、通常の中学校まで行ったわよ。周りの友達も、この子から学んだって言ってくれてね」

「うちは、養育ベッドに乗ってばかりで、目でしかコミュニケーションが取れないけど、小学校には行ったよ。今は16歳になって、高校にも行ってるよ」
「大丈夫よ！　小学校くらい誰でも行けるから。あきらめちゃダメよ」
「佐々木さん、勘違いしないで。小学校は、障がいがあっても通えるところだからね。応援してるからね！」

署名をしてくれた一人ひとりがその場を立ち去るまで、ご夫妻は頭を深く下げ続けた。それは、署名をしてくれたことだけではなく、自身のやり方が間違っていなかったと、再認識させてくれたことへの「感謝」のお辞儀だった。

親は、自分勝手に「分からない勉強は苦痛」と想像してしまう。先生に教えてもらっているのに〝分からない〟のはかわいそう……そう考えてしまう。しかし、実際には先生の言っていることが理解できない時があっても、周りにいるほかの子どもたちがなによりの「先生」なのだ。これは、ダウン症に限らず、どんな子どもでも、友達が勉強する様子を見て、自分も真似をして勉強する。友達を真似て一緒にふざけあう。そこから、学ぶことを覚え、少しずつだが成長していくケースが大多数である。

ジェイミーくんは、座ることも、立つことも、感情を表すこともできる。ジェイミーくんには、通常学校へと通う権利がある。ご夫妻は、署名活動を通じ、「親として成長させていただいた」と感謝の念を忘れない。

佐々木さんご夫妻は、集まった署名5405人分を大阪市に提出。そのすべてがご家族を、ジェイミーくんの将来を応援する！　というメッセージが込められた署名だった。

年を越した2015年1月末。

「就学について、心を痛められたことに対し深くお詫びします」

大阪市は、その非を認め、佐々木さんご夫妻に謝罪した。

「通り一遍の謝罪の言葉だったかもしれません。それでも、私たちにとってみれば、息子の存在が認められたと感じられた瞬間でした」

大阪市は同時に、保護者にとって、いつ、どこに相談に行けばよいのか分からない問題点を改善し、障がい者の就学手続きをまとめたリーフレットを制作。教育委員会などを中心に配布を行った。

そんな〝大人の世界〟での問題をよそに、当のジェイミーくんはというと……寝る前に必ず行うある習慣ができたそうだ。それは、「新しく通う学校の制服に着替えること」。

念願かない、4月から「通常学校」へと進学。しかし、入学までに〝リハーサル〟とばかりに制服に着替えるものだから、新品のはずが、入学式当日には、すでに〝使い古し状態〟だったとか。

小学校に通い出してからのジェイミーくんについて、純子さんは言う。

「もうヤンチャ盛りが、一層激しくなっちゃって……。この間もどこで覚えたのか〝アイーン〟ってギャグをずっとやっていて。夕ご飯食べる頃に、気が付いたら、やりすぎてアゴが〝しゃくれ〟てるんです！　もう〝アイーン禁止令〟ですよね」

そうぼやきながらも、ジェイミーくん自身、友達と触れ合う中で多くの経験を積み、話せる言葉が増えたという。ある日、同級生のお母さんから、ＬＩＮＥでこんなメッセージが送られてきた。

「聞いて聞いて！　今日ね、ジェイミーくんが〝1年1組です〟って言ったよ！」

佐々木さんご夫妻は、我が息子の成長を同じように喜んでくれている母親の存在を嬉しく思った。

純子さんは、こうも語る。

「大切なのは、違いを知り合うことだと思うんです。なんでそういう体なの？　なんでそういうことを言うの？　という、相手との知識が共有できれば、障がいがあっても、コミュニケーションを取ることは案外たやすいと思うんです」

障がいのある子どもと過ごすことは、クラスメイトの情操教育にもよい影響を及ぼす場合が多い。いずれ、学年が上がるにつれ、クラスの中でダウン症の子どもが浮いてしまう場面がどうしても出てくるだろう。学級会の流れについていけなかったり、授業中ちんぷんかんぷんなことを言い出したり……。そんな折、どのようにして『障がいのある友達』と付き合えばいいのか？　について考えた経験は、後に社会に出た際に大きな力となるだろう。

なぜダウン症の子どもに〝優しく〟するのか……。

特別だから？　弱いから？　大切な友達だから？　優しい自分を褒めてもらいたいから？　じゃあ、その優しさはダウン症の友人のためになっているのか？

「優しさ」という言葉ひとつ取ってみても、難題とぶつかることで、子どもたちは悩み、考え、その心は大きく成長する。そして、いつしか知らず知らずのうちに、「どんな人にも優しくするのが当たり前」という気持ちが大人になった時に芽生えているはずである。

ダウン症児を抱える親御さんに向けて、最後にこんなメッセージを残してくれた。

「ジェイミーが〝レアケース〟として報じられたくないんです。これが当たり前なんです。署名運動をしたことで、泣き寝入りされてきた保護者の方のお話をたくさん聞きました。でも、どうか、どんな時でも、自分のお子さんを、自分の子どもの能力を信じてあげてください。おかしいことは、当たり前におかしいと声をあげてください」

妻の言葉を聞き、スティーブンさんが、取材ノートに、こんな言葉を書き記してくれた。

「Theyareimportantpartofsociety. Youcannotpushthemaway.」

その意味は、「私たちは、社会から誰も押し出してはいけない」。

健常児だって、障がい児だって、どんな子どもにだって、当然ながら『生まれてくる意味』が必ず存在する。注意欠陥多動性障害（ＡＤＨＤ）の人間は、古来、狩猟民族だった時代には、種の存続に〝欠かせない存在〟だったとアメリカの心理学者が述べている。注意力が散漫で落ち着きがなく、いつもキョロキョロ……。だからこそ、物音がする、煙が上がっているなど、外敵の遭遇には誰よりも敏感で、幾度となく集落の危機を救った。

ダウン症の子どもも、「ダウン症の人間が持つ優しさ」が、社会にとって必要であるからこそ、一定の割合で、この世に生まれてくるのではないだろうか？

もし、ダウン症の子どもたちが淘汰され、阻害される社会が訪れるとすれば……それはきっと、健常者にとっても、生きづらい社会でしかあり得ない。

そう考えると、新型出生前診断の開始は、「今の社会に、ダウン症の子どもが生きられる優しさが存在しているのか？」を計るために、神様が私たちに与えた「試験」なのではないかとさえ邪推してしまう。

人間が持つ優しさ、愛の深さが、今こそ問われているのではないだろうか?

あれから10年後

佐々木さんご家族

「ともに学ぶことは、社会に出た時に必要な才能」

～障がいとともに育つ必要性～

「子育てしていれば月日の流れはあっという間で……。署名運動から、もう10年も経つんですね。当時はニュースでも大きく報じられて、ある意味〝鳴り物入り〟で入学したでしょ？　だからね、入学当初は、自分なりにおとなし～く過ごしてたんですよ」

10年ぶりにお会いした佐々木サミュエルズ純子さんは、変わらないチャーミングな笑顔で迎えてくれた。署名運動を通じて掴んだ念願の入学。否、当然の入学と言うべきだが、こんな後日談があったそうで……。

「疲弊しきってたんでしょうね。家の食卓でジェイミーは当時、（ダウン症児が使いやすいといわれているメーカーである）エジソンの箸を使ってたんですけど、学校に持たせるのを忘れていたんです。ゴールデンウィーク明けに気が付いて慌てて学校に伝えたら、〝お箸、普通に使ってますよ〟って。『ジェイミー、あんた使えるやん！』って。これしかないなら仕方がないと、見よう見まねで使ってたんです。でもね、家では甘えてエジソンの箸を使ってたんですよ」

「そうそう」と、純子さんが小学校時代の写真を1枚見せてくれた。写っていたのは、友達の隣に座り、机のはしっこを間借りするように授業を受けるジェイミーくんの姿だった。

学科によって別の教室へ出向いたり、定期健診で授業を外すこともあった。そのたびに同級生が、「なんでジェイミーだけ連れてっちゃうの？」と抗議。2年生の時には、担任の先生が「ジェイミーは2年1組の子やから、連れていかんといてください」とはっきり宣言。別の教室にいる彼を迎えにいって連れ戻すのが当たり前になった。

「授業参観の日にね、ジェイミーが〝あやと〜〟って、同級生の名前を呼び続けたんです。どうしよう……ってオロオロしてたら、当のあやとくんが、立ち上がって、机にかけていたタオルでよだれを拭いて、ギュッ！と抱きしめて戻っていったんです。気が済んでジェイミーもおとなしくなって。後であやとくんに『ありがとう』ってお礼を伝えたら、『今日は僕がしただけで、みんなもいつも同じことしてるで。なんでそんなんで大人は感動するの？』と」

校内の様子が気になった純子さんは、「ジェイミー頑張ってる？ ついていけてる？」と友達に聞いた。返ってきた答えは「なんでそんなこと聞くん？ フツーやし」。子どもたちは、ダウン症がある、障がいがある友達ではなく、「ジェイミーくん」としか捉えていなかった。当たり前の答えを尋ねる〝大人〟に、決まっていぶかしげな表情を浮かべる。色眼鏡で見るのは大人なのだと、つくづく気付かされる。

小学校生活のビッグイベントである修学旅行では、なんと団長を務め、壮行式では校長先生とともに挨拶。中学校も、もちろん同級生と一緒に地域の学校へ進学した。

中学校時代の日記には、ジェイミーくんの成長の記録が多々見受けられる。頭を洗う、歯磨きを嫌がらない。お風呂に1人で入る、着替えを1人でしようとする。

そして、純子さんが印象深く覚えているのは登校の様子だと言う。

「学校まで連れていく途中、道路に座ったり、他人の家をピンポンしたり……。これを3年続けるのかとげんなりしてしまって。ある日、後ろから3年生の先輩集団がやってきて、『ジェイミー、おはよう！』って声をかけてくれたら、そのまま先輩に押されるように、一緒に学校へ入っていったんです。

しばらくして、ある友達が『ジェイミーと学校に行きたい』って誘ってくれて。その友達の家まで連れていけば、肩を組んで学校へ行くようになったんです。もうね、私ら両親に『早く家に帰れ』って、指を差して指示するんですよ！」

1人では難しいことでも、友達となら乗り越えられる。家とはまったく違うジェイミーの姿や成長を目の当たりにする3年間だった。

卒業も間近になり、仲間たちとメッセージを送り合う機会があり、ジェイミーくんには同級生からこんな言葉が寄せられた。

【ジェイミーさんへ　みんなからの手紙】
「話していて楽しいし、プリントの回収も手伝ってくれてありがとう」
「話す時いつも顔が近いけど、しゃべっていて楽しい」
「仲良くしてくれてありがとう。もっとしゃべろーね」
「名前も覚えてくれて、ジェイミーは面白い！　また話そう」

ジェイミーくんは流ちょうな会話はできない。発する言葉もそれほど多くはない。それでも友人の誰もが、彼と「話し」「しゃべり」「会話し」「楽しんで」いた。言葉はなくても、双方の間にはコミュニケーションが立派に成立していた。

筆者は、筋肉が徐々に萎縮する「筋萎縮性側索硬化症（ALS）」の患者さんのボランティアをしていた時期があった。腕が動く人、指先が動く人……可動範囲は病の進行によりそれぞれで、受け持った男性は身動きが全くできなかった。

だが、数時間一緒に過ごすうち、あることに気付く。「眼球」だけはキョロキョロとせわしなく動いているのだ。筆者がトイレに行くと、「どこ行くの？」と眼球が追いかける。戻ってくると、「おかえりなさい」と少し目が潤んだように感じた。

障がいのある方に関して、意思疎通が図れないと考える人が多いかもしれない。だが、実際には声が出なくても、耳が聞こえなくても、そして体が動かなくても、「コミュニケーションを取りたい」という所願さえあれば意思疎通はできるのだと、あの時の体験を今も心に深く刻んでいる。

友人との関わりだけでなく、先生をはじめ多くの人のサポートもあった。純子さんはある支援員さんの言葉が忘れられないと涙をぬぐう。

「その支援員さんは、わざと階段を上らせて、友達が手伝ってくれるのを促したり、サポートの手を差し伸べすぎずに、できる力を最大限に伸ばしてくれました。ある時、『今のジェイミーの姿を、小学校時代の先生たちに見せてあげたい』って伝えたら、その方は『いやいや、これまでの先生たちの苦労があって今のジェイミーがおるんやで。ええ土作りから愛情込めてやってくれたから、大きく芽吹いたんや。小学校の先生たちはええ土作ってくれたなぁ』って」

出口のないトンネルの中で指導を繰り返し、スモールステップを続けてくれた先生たちのおかげで今がある。余談だが、支援員の女性自身も、自閉症のある息子さんを中学校に入れた経験の持ち主だった。

「私たちは、親として息子であるジェイミーの力を信じることしかできません。でも信じて見守っていたら、自然とさまざまなことができるようになっていった。だからこれからも、皆と一緒にいられる環境を続けさせてあげたいという気持ちが強くなっていったんです。そうすれば自然と彼の中で成長が育まれていく。いつまでも親に依存しているジェイミーではなく、ともに育つジェイミーでないといけないと」

障がいに関係なく、そこで生きるということを大切にしたいという思いが強まった佐々木さん夫妻が希望したのは、ある高校への進学だった。

1975年に開校した「大阪府立柴島《くにじま》高校」。古くから知的障がいのある子どもを受け入れてきた実績を持ち、さらに2006年からは「知的障がい生徒自立支援コース」を設けた。通称名をフランス語で「友情」を意味する「アミティエ」と呼び、障がいのある生徒も、そうでない生徒も同じ教室で授業を受ける。

授業内容は原則、普通科と変わらず、「アミティエ」の生徒は自分のホームクラスに属しながら学校生活を送る。必要に応じて支援教員が付き添い、到達度に合わせた学習を行うと同時に、週に1度は「作業学習」の時間として、施設や企業に出向いての作業訓練も行う。

学校が掲げるモットーは『ともに学び、ともに育つ』だ。

純子さんいわく、説明会を兼ねた交流会に参加したことが、入学の大きな決め手になったそうだ。「体育館に50人以上がひしめき合う中、ブラインドサッカーなどを体験したんですが、驚いたのが、挨拶や段取りも生徒が自主的に運営して、先生は見守るだけなんです。途中で、『3つに分かれて丸くなってください』と班分けをしたのですが、ジェイミーがステージに寄りかかって輪に入れない。すると、その輪が、するするっとジェイミーに近づき、彼を中心に輪ができたんです。それも誰に指示されたわけではなく、ごく自然に。ともに育った子どもたちは違うなと感じました」

募集人員は各学年3人という狭き門だが、純子さんは思いの丈を書き添えて入学希望書を提出。見事合格し、2024年春から通い始めた。気になるその学園生活を取材させていただいた。

「ジェイミー、おはよう!」

朝の挨拶が飛び交う中、柴島高校には、いわゆる「朝の会」がない。8時30分のチャイムで「0時限目」と名付けられた10分間の授業が始まる。内容は主に読み書きや計算で、終わりに簡単な連絡があり、そのまま授業へと突入する。

この日の1時限目は「英語」。担任の栄田亮介先生が担当を受け持つ教科だ。テキストをベースに、原則同じ内容を学ぶ。単語を覚える授業では、英語で描かれたイラストカードを見て覚え、発音の勉強では「banana」「spoon」と、英単語を読み上げる。ある日の授業では、「This is mine.」の「mine」が上手に発音できたそうで、自分なりの課題と向き合っている。

栄田先生は、ジェイミーくんのある様子が印象的だと目を細める。

「自分の趣味を英語で紹介する時に、〝My hobby is boxing!〟と、映画ロッキーのテーマ曲を流して、シャドーボクシングを披露してくれたんです。授業中は私語をする場面があっても、同級生の発表の際は黙って見守っています。よくよく見ていると、静かにしないといけない場面では、自制できているんですよね」

発表が多い英語の授業は、オンとオフの切り替えを学ぶ場にもなる。ジェイミーくんの場合、学習面だけでなく、社会性を身につけることや、人との関わりという部分に重点を置いている。つまり、こうした切り替え作業を達成することも彼の成果であるのだ。

終了のチャイムが鳴り、休み時間に入ると、教員がジェイミーくんをトイレへ連れていくのが決まりだ。今度は、トイレからそのまま美術室へ移動する。美術室の入り口に授業で描いた自画像が並ぶ中、黄色や緑色などカラフルに表現されたジェイミーくんの作品を発見。

「ジェイミーの自画像、とっても上手でしょ！　写真をベースにゴム版の要領で、パーツごとに色彩を重ね合わせたんです。クリアファイルを切り抜いて顔のパーツを作ったり、大変だったんですけど、本人は出来栄えに満足したみたいです」

まるで自分の作品のように喜ぶのは、授業のサポート役を務めた山口真弓先生だ。

柴島高校では、コーディネーターが学校全体に1人。各学年担当が1人。それに加えて、授業ごとに〝入り込み〟と呼ばれ、手が空いている教員が横について補助を行う。ただ、過度に手伝うわけではなく、実技などに関しては本人の自由に任せているという。

「ほかの生徒と同じカリキュラムを行う」とひと口に言っても、簡単ではない。各教員が、思考を凝らしてやり方を工夫し、プログラムを組み立てる。根底には、〝できないからやらせない〟という発想ではなく、〝できるためにはどうすればいいか〟。それを考えるのが、学びを与える教員の役目だという思いからだ。

この日の授業内容は「版画」。当然、鋭い彫刻刀は危ない。だから使わせないのではなく、別の方法で版画を学ぶ。そのアイデアは、机の上に置かれた段ボールが解き明かしてくれた。

「段ボールの凹凸を使って、ゴム版画をしようと準備したんです。版画の醍醐味である〝摺《す》ること〟による明暗や、想像とは違う作品が浮かび上がる体験は学んでほしいから。実はジェイミー、自分の顔を描くのが上手になって。だから今度も、ジェイミーの顔を野菜のシルエットで表現したゴム版画を作ろうかと」

ハサミを使って段ボールを切る。内側にある凹凸にインクを付けて版画のように摺り上げて作品を作るのが、ジェイミーくんの課題だ。切り方や大きさで出来栄えも変わるとあって、懸命に取り組みながら、ほかの生徒と同じように〝創作〟を楽しむ。

と思いきや、授業の途中、蛇口をひねって手を洗った途端、水遊びを始めてしまう。そうした様子に、先生ではなく、同級生が注意を促す。

ジェイミーくんは入学当初、意図せず「アホ」や「キモい」という言葉を発してしまう時があり、当時は同級生も笑ってごまかしたり、曖昧に対応していた。実は、こうした発言は小学校時代からの癖だった。それも、中学生で落ち着いたはずが、高校になって頻出するようになったと聞く。同級生は、自分たちの曖昧な態度が、ジェイミーくんに「言ってもいいのかな？」と思わせる空気を醸し出していたようだ。

「ジェイミー、ダメだよ。まずは椅子に座ろうか」

〝ジェイミーくんだから仕方ない〟ではなく、ダメなことはダメと、友人として伝えることが必要だ。それを知った同級生もまた、障がいのある友人との付き合い方を身につけた。

チャイムが鳴ると、今度は待ちに待ったランチタイム。普段は教室で食べることが多いが、この日はプレイルームに集まり、皆と一緒に長机を囲んで、純子さん手作りのお弁当を頬張る。

「ジェイミー、いっつも黙々と食べるよな〜。そんなにお腹空くん？」

いつの時代も、友人と談笑できるくつろぎの時間でもあるお弁当の時間。ふと、集まった同級生にジェイミーくんの様子を尋ねると……。

「え？　ジェイミーは……フツーの友達ですけど。それが何か？」

ここでも生徒たちは疑問の表情を浮かべ、返ってくる答えは同じだった。すると同級生の1人が、思い出したように話し出す。

「そうそう、ジェイミー、案外サボるよね。しんどい時はずっと座ってたりするし。体育祭の大縄跳びも、練習の時はめっちゃ飛んでたのに、本番直前で『縄が怖い』って言い出して。大変やったわ〜」

「あった、あった！　大縄跳び怖いって言いながら、ダンスは音楽が鳴った途端ノリノリで踊ってたやん！　ジェイミー、あれどういうことやねん！」

肩を叩かれたジェイミーくんもまた、笑いながらお弁当を食べる。

その様子を見ていた「アミティエ」の学年担当である藤堂泰二先生が、文化祭の映像を見せてくれた。映っていたのはショートムービー用に撮られた屋上でギターを弾くジェイミーくんの姿。友人に囲まれコードさえ知らないギターをポロンポロンと弾きながら、メロディーを口ずさむ。その様子を

「全然弾けへんやん！」と友人がツッコむ。

ダウン症の子どもを育てる親御さんから、特別支援学校に見学に出向いた際のエピソードを聞いたことがある。障がいのある子どもの対応に慣れた先生は、トイレは一人でできますか？　食事はどうですか？　など、必要な配慮を先回りして聞いてくれた。有り難みを感じつつ、その帰り道、電車の中で高校生が会話している様子に、涙が止まらなくなったという。

「学校や勉強のグチや、部活がしんどいとか、好きな人ができてとか……。ありふれた何気ない会話でした。でも、特別支援学校に行けば、不自由なく学校生活を送れる半面、作業訓練が主になって、卒業したら作業所に入所して……と、息子のその先の未来が予想できてしまったんです。そこに自分たちが味わったような〝青春〟はありません。その事実が、ただ悲しかったんです」

小学校や中学校とも違う、高校生活という3年間。大人になって振り返った場合に、青春と呼ばれる期間がいかに大切だったか、感じさせられる。

障がい福祉において「青春の視点が抜け落ちている」という指摘を見聞きする。学校生活とともに「放課後の体験」も、連続した人生の一部である。友達とテーマパークで羽目を外す、オシャレな服を着る、ちょっぴり化粧をする、帰宅が夜遅くなり親に怒られる。こうした行動は社会と自分の接点を意識することにつながり、さらに言えばそうした〝ムダな経験〟こそが、その後の人生を彩る絵の具の1色となる。

高校時代は「エネルギーを蓄える時期」であるはずが、障がいのある方の多くは、就労訓練のために時間を奪われてしまう。自閉症医療の第一人者でもある児童精神科医の佐々木正美先生は、『子どもは子どもの要素を使い切ってからでしか、大人になってはいけない』と論じている。子どもの要素をため込んだまま、周りが大人の要素を付け足し、社会に押し出してしまう現実に、「青春を謳歌することも大切な子どもの権利」であるという事実が、抜け落ちていないだろうか?

だが、当のジェイミーくんから感じたのは、まったく逆の〝バリバリの青春〟だった。舞台発表を楽しむ。何十本ものフランクフルトを焼く。すぐに飽きて別のことを始める。怒られてバツが悪そうに頭をかく。どれもが青々とした高校生らしさを帯び、輝いて映った。

純子さんが明かすには、最近毎朝、洗面台で鏡を見ながら前髪をクネクネとイジっているそうで……。

「ビックリですよ！　男子トイレで友達がやっているのを見たんだと思うんです。誕生日プレゼントでポータブル音楽プレーヤーをあげたんですけど、1人で部屋にいたい時もあるみたいで、私を押し出して音楽聴いたり、歌ったり、泣いている時もあるんです。なんだかんだで思春期だなぁと、しみじみ思います」

藤堂先生は、こう語る。

「体育祭や文化祭など、行事を経験する中で、クラスメイトとの関わり方や距離感も縮まってきた印象です。廊下で先輩とすれ違っても、『おう、ジェイミー!』とよく声をかけられますしね。でも、障がいがあるからといって過度な気遣いなどはしません。『ジェイミー、運動場行こうや』と声をかけても、動かなければ、『なんか機嫌悪いな、行こ行こ』と、放っておきます。友人同士ってそんなもんでしょ?」

お昼を挟んで、午後からは家庭科の授業。学校から支給されたタブレットのケースを裁縫して作るのが課題だ。危険も伴うだけに、ジェイミーくんも真剣な眼差しで針先を見つめ、ミシンのペダルを踏む。

「端っこは糸が取れやすいから、返し縫いで丁寧に仕上げるよ。ペダル踏んで……止めて! 今度は逆方向に縫っていくよ。はい、ペダル踏んで……縫い終わりはしっかりね!」

先生の指示のもと、チャコペンで引いた線の上を、四角く縫っていく。同級生と並んでミシンを使う姿を見て、返し縫いって難しかったなぁと、筆者もウン十年前の記憶が蘇る。

終われば、ボタン付け。「佐々木ジェイミー」のネーム入りのケースの出来栄えに、自慢げにケースを掲げる。

「アミティエ」のコーディネーターとして1年から3年まで全体を見る時安希未子先生は、ジェイミーくんの成長をしみじみと振り返る。

「通常の教室と違って家庭科室や美術室って、〝楽しそうな誘惑〟が多いでしょ？　入学当初は、興味がアチコチいったり、教室から出てしまったりもありました。今では調理実習で包丁を使って野菜を切ったり、友達の分もお茶を入れてくれたり、優しさを見せる余裕さえ感じます」

家庭科でも、力のいるボタン付けの穴開け作業は先生が行うなどサポートしながら、できる限り自分の力でやり遂げる。どの授業でも先生たちの工夫と労力に頭が下がる。

2時間通しての家庭科の授業が終われば、教室に戻って帰りのホームルーム。

「明日から4時間授業です」

栄田先生の連絡に、「やった～！　早く帰れる～！」と歓声が起きる。ジェイミーくんも周りを見渡し、「なるほど。みんなも授業時間が短いと嬉しいのか」と笑う。皆と同じ教室で、皆と同じ感情を共有する。

カバンを背負い廊下に出ると、藤堂先生と肩を組んで階段を降りていくのが通例だ。「ジェイミー、バイバイ！」と、同級生はもちろん、先輩からも声を掛けられ、「やれやれ、人気者はつらいぜ」とばかりに、その都度、「バイバイ！」と手を振って応える。

靴を履き替えようとした下駄箱で、今度は女子生徒から話しかけられた。

「ジェイミー帰り？　私、今からバイトで大変やねん。部活もあって忙しいし……たまにはグチりたくもなるよな⁉」

その言葉にジェイミーくんは、ただ「うん」と力強く頷いた。

「ま、頑張るしかないか！　じゃあね、ジェイミー！」

気の利いた言葉を言えるわけでもなく、彼女もまた明確なアドバイスを求めたわけではない。ただ一言、「うん」という頷きと眼差しに、「大丈夫だよ！」「頑張って！」――どんなメッセージを受け取ったのかは分からないが、そこには友人同士のコミュニケーションが確かな意味をなしていた。

この日はスティーブンさんがお迎え。学校での様子を藤堂先生とやり取りすると、ベンチで少し休んで車に乗り込み、帰宅。車に乗ってても「バイバイ！」といつまでも手を振りながら、どこか名残惜しそうに校舎を去っていく。

ジェイミーくんを見送り、最寄り駅まで歩く途中、後ろから同級生の会話が聞こえてきた。
「聞いて！　今日、ジェイミーが美術の授業で水遊び始めてな……」
「あんた、ジェイミーの話好きやなぁ」

中学校時代、ジェイミーくんが教室の窓ガラスを割ってしまったことがあった。その様子を見たある友人は、「学園ドラマみたいでドキドキした」と語り、別の友人は「学校でめっちゃすごいことあってんで！」と興奮気味に親に話した。保護者からは〝令和の尾崎豊や〟とも声をかけられたと言う。学校側に丁重に謝罪を申し入れたのは言うまでもないが、抑圧された感情の爆発は、同級生に大きな印象を与える出来事となったことだろう。

息子であるジェイミーくんの学校生活について、純子さんは親としてあることを希《こいねが》っていた。
「ガラスを割った時も、授業参観の時も、冷静で気にしない保護者は、幼い頃に障がいがある人が身近にいた〝ともに育った経験のある親御さん〟が多かったんです。親なき後とよく言うけど、私は、学校を出た後の社会が変わらないと安心できません。親として思うのは、ジェイミーのような人と育つ子どもを1人でも増やすこと。そうすれば、きっと社会は変わる。私は安心して生きていけます」

ともに学ぶ意味について、スティーブンさんはまた別の一面を訴える。

「僕がサッカーをやっていたのはスポーツの楽しさを知るため。ピアノも音楽の楽しさを知るためにやっていた。でも、日本だと上手に弾けることや、1番を勝ち取ることに重きを置き過ぎているように思う。まるで、全員がオリンピック選手を育てたいみたいに。〝ともに育った人〟は、そういう価値観に惑わされない。障がいへの理解だけでなく、思考の柔軟さ、自分と違う他者に対する寛容さも学べる。それって、社会に出た時にものすごく必要な才能じゃないですか」

高校進学とともに、ジェイミーくんと会う機会が減った中学時代の友達から、毎週末のようにお誘いの連絡が届くと言う。近年、講演会に呼ばれることも多くなったという純子さんだが、その場にジェイミーくんと一緒に友達がついてくることも増えた。あるイベントで、そんな友人に質問が寄せられた。〝ジェイミーくんとはどんな存在ですか？〟――答えに困り、会場がシーンとする中、オンラインで参加していたある友人が、カタカタカタカタと打ち込んだ。

〝友達。気づいたらおった〟

友人たちとSNSでグループを作り、やりとりも始まった。彼らが作ったグループ名は「ともに学ぶを広めよう」だ。

「ある時ジェイミーは、友達と公園で遊んでからファミレスへ向かったんです。にぎやかな空間だから家族で行く時はハードルが高いんですけど、友達同士なら、すんなりテーブルに座って、くつろいでたんです。そしたら、友達の1人がこう言ったんです。『俺ら、あと5年したらビール飲めるな』。彼らの中では、成人を迎えてもジェイミーと一緒にいるという当たり前の未来を思い描いていて、ごく自然に出てきた言葉に、胸が締め付けられました」

10年経って感じたこと。

それは、佐々木さんご夫妻が、署名運動をしてまで入学させたのは、ジェイミーくんのためであるとともに、地域で暮らす人々のためでもあったということ。「ともに育った子どもたち」は成長し、社会へ出る。いずれ親となり、子どもが生まれ、通い始めた学校に障がいのある友達がいたら、わが子の頭を撫でてこう回顧するだろう。

「お母さんが子どもの頃もね、ジェイミーくんって友達がいたのよ」

彼らの思い出の中に、ジェイミーくんは確実に存在する。それは、社会に出てからもずっと続く。

結婚式でも、同窓会でも、人生の節目節目で、彼の存在は、そのエピソードとともに明確に思い返される。

「ともに育った人たち」でいっぱいの世界。その実現のために、佐々木さん一家は今日も歩み続ける。

ダウン症と、見過ごされがちなパパの悩み

子育ての取材においては、母親から悩みを打ち明けられることが多い。だがあえてこの場では、ダウン症の子どもと暮らす〝お父さんにだって悩みがある！〟ということを、声を大にして伝えておきたい。

そもそも障がいの有無に限らず、ママ友に比べてパパ友同士で子育てについて話す場は、圧倒的に少ない。そのため、子育てに関する悩みや不安を吐露し、共有する機会が失われているのが現実だ。

ある時、『ダウン症の親父の会』なる飲み会にお誘いをいただいたことがある。乾杯の合図と共に口々に飛び出すのは、仕事のグチではなく、子どもの自慢だった。

「うちの子ども、案外絵が上手で、褒められるんだよね」

「うちの子はね、足腰がしっかりしているからよく歩くんです」

「好き嫌いがないから、なんでも美味しい！って笑顔で食べてくれる」

止まらない〝自慢のマウント合戦〟を前に、なぜこうした事態が繰り広げられるのか？と、疑問を抱いた。

例えば、同じ時期に子どもを授かった同僚や友人同士のはずが、ダウン症の場合、成長

スピードの違いがあるため、共通の話題を見つけて話しづらい点がある。その結果、「高校生になるけど、まだキャラクターが好きで……」とか「うちの子はまだ、自転車に乗れなくて……」など、子どもを卑下した会話に陥ってしまうことさえある。

実は、ジェイミーくんの父親であるスティーブンさんも、同じような経験から、うつ病に悩まされたと聞いた。

「障がいに限らず、父親同士で子育てについて話すことが少ない。実生活の会話だけでなく、例えばSNSでも、友達が子どもの写真と共に成長をアップする。〃こんなことが出来ました〃とか、〃学校で褒められました〃とかね。でも……どうしても比べてしまって、うちの子にはそうした誰かに伝えられるような経験が少ない。気づけば、投稿に〃いいね〃が付いていても、慰めじゃないかとうがった見方さえしてしまっていたんだ」

息子が生まれた時のこと、障がいがあるという事実、小学校にすんなり入れなかったショック……。我が子の誕生や成長を受け入れていたつもりが、どこか心に蓋をしていた部分もあったという。そうした現実から目を背けるように、仕事で頭の中を埋め続けた。

「目の前に、ずっと壁があるみたいな生活だった。〃仕事〃〃子育て〃〃趣味〃と、その日やることを決めて、カレンダーのスケジュールを、なんの感情もなく埋めていくような毎日で。当時の僕には、目の前にあるその壁を壊す必要があったんだ」

ハードワークが重なる中、職場で突然動けなくなって緊急搬送され、休息が必要だと気付き、母国であるニュージーランドに一時帰国。リフレッシュを心掛けるようにしながら、今も日本で働いている。スティーブンさんの話に耳を傾けながら感じたのは、父親と母親で〝障がい受容の捉え方〟が少し違うことだった。

勘違いされる方も多いが、障がい受容は生まれた瞬間で終わらない。進学の時、同級生が結婚したと聞いた時、子どもが生まれた時……。自身と他人の子どもを比べてしまうのは親の常だ。その都度、障がい受容の壁が立ちはだかり、時にへたり込んでしまうこともあるだろう。だからこそ、男性にも、子育てについて悩みを語り合う場が必要なのだと思う。

読者のパパの皆さん、是非誘い合って、子どもの自慢や子育てのグチを、思う存分吐き出してほしい。溜まりに溜まったガスが、あなたの心を蝕む前に。

梶原さんご家族

「娘が伝えたかった未来を、もう一度見たい」

（※2014年取材当時の収録）

ダウン症の子どもを育てるという想像しがたい未来に対し、二の足を踏む人がいるのは仕方がないことと言えるかもしれない。その先に、困難な道のりを思い描く人が多いかもしれない。しかし、困難な道のりを「幸せ」と捉え、あえて選択したご家族がいらっしゃる。家族が歩んだ道のりを振り返ると、そこに「ダウン症の子どもの存在意義」が見えてくる。

「ワン！　ワン！」「こら！　お客さんに吠えるな」

ご主人、康弘《やすひろ》さん（60歳）とともに、元気よく出迎えてくれたのは、2匹のワンちゃん、フェレット、金魚にヘビまで！

「もう動物好きでね〜。あ、あとゴキブリもいますよ。なんてね！」

と、奥さんの澄美乃《すみの》さん（51歳）が笑った。関西圏以外の読者には驚きかもしれないが、〝大阪の主婦は、会話の最後に必ずオチをつける〟ということをご理解いただきたい。以降、本文では、会話の妨げになる〝オチ部分〟はできるだけ外して、ご紹介していくこととする。そうしないと、ページ数がいくらあっても足りないからだ……。


大阪市内の集合住宅で、たくさんの動物に囲まれて暮らす梶原さん一家。

部屋を見渡すと、あちらこちらに、長女・文乃《あやの》ちゃんの写真がめいっぱい飾られていることに気付く。

「生まれた時のことは、今でもはっきりと覚えています」

そう言うと、澄美乃さんは目を細めて天を仰いだ。


1998年11月3日。

「いや〜、もうそっくり！　お父さんのコピーですね〜」という医師の言葉とともに、梶原一家に長女が生まれた。

「普通分娩で、陣痛がきて破水して10分で出産の〝超安産〟。分娩台に上がってすぐポン！　って、スピード記録でしたよ」

と、澄美乃さんは笑うが、20代の頃から子宮内膜症で子どもができにくいと言われていた彼女にとって、それは念願の妊娠、出産だった。

　この時、澄美乃さん33歳。


　文化の日に生まれたから、名前は「文乃」。

「〝文〟って入ってると、かしこそうでしょ？　なにより、私の名前が画数多いから、画数が少ない漢字がよかったんです。覚えるのも書くのも大変やしで、テストのたびに〝名前書くのに5分かかるから点数悪くなんねん！〟って、親に文句言ってましたから」


　しかし、生後4日目。

　澄美乃さんは看護師に呼ばれ、会議室へと通された。そこには、小児科の先生に心臓内科の先生も勢ぞろい。なぜか、仕事に行っているはずのご主人もいた。静寂の中、一礼とともに医師が口を開いた。「小児心臓内科の医師です」。

「心臓⁉」澄美乃さんは思わず聞き返した。

「娘さんの心臓に穴が開いています。塞ぐ必要があります。しかし、穴が大きくて、〝1年〟生きられない可能性もあります」

　生後4日にして、まさかの余命宣告。現状では、手術に耐えられるくらいに成長するまで様子を見ることになった。

澄美乃さんはＮＩＣＵ（新生児集中管理室）へ入った娘の顔を見に、毎日通った。「よろしくお願いします」と母乳を渡し、わずか15分の触れ合い。それでも、娘は手足を動かし懸命に生きようとしていた。

「この子を生かせてあげたい。私が生かせてみせる！」

幼き命を前に、この時、澄美乃さんは、どんなことがあっても我が子の運命を受け止めると決意した。

その1カ月後、ご夫妻は、またしても医師に呼ばれる。

目の前に広げられたのは、心臓に開いた穴を告げられた時と同じエックス線写真。そこまでは前回と同じ。今回は同時に、学生時代、生物の授業でよく見た染色体の写真が広げられていた。写真を指差し、医師が話した。

「ダウン症というのを、ご存じですか？」

余命宣告に続いてのダウン症の宣告。夫婦ともにダウン症という名称は知っていても、詳しくは知らなかったというのが正直なところだった。

「ダウン症と伝えられても、特段に驚いたりはしなかったんです。なにを言われても、娘に生きていてほしい——それだけを願っていました」

康弘さんも、告知を受けた時の心情をこう語る。

「ああ、ダウン症ですかって感じやったね。だって、そういう赤ちゃんが出てきたんやからしゃあないでしょ。どんな子どもであっても、ありのままを受け入れるのが親。責任を背負うのが親だと思います」

康弘さんが発する言葉は、頭から尻尾の先までアンコが詰まったたい焼きのように、最初の一音から最後の一音まで気持ちがビッシリ詰まっている。ほかの人が言えばありきたりとさえ感じる単純な言葉でも、その重みがひしひしと伝わる。

続いてご夫妻は、医師からダウン症についての説明を受けた。聞かされたのは、ぬか喜びさせるようなことは言えないとばかりに、リスク面などの「悪いことばかり」。

それでも、医師の言葉を聞きながら、澄美乃さんはずっと説明の逆を考えていたという。

「『知的障がいで言葉が遅い』って言うたら『じゃあ、ちょっとでも早く喋れたら頑張ったなぁって褒めてあげよう』とか『身体能力が低いです』って言うたら『できるだけ外に連れていってあげよう』とか、生まれてくる子どもとの楽しい未来ですやん。暗い気持ちで始まるのはイヤやった」

そして、医師が最後に言った言葉に、澄美乃さんは笑みを浮かべた。

「ダウン症は、800〜1000人に1人、必ず生まれてくるんです」

目の前が明るくなった。

「1000人に1人ってすごい確率でしょ！　つまり……私、〝当たり〟やん！　当たりを引いたんやと嬉しくなったんです。ずっと、くじ運悪い方やったんで、そのすべての運をここに使えたんや。ラッキー！　って」

澄美乃さんが、ここまで前向きな気持ちでダウン症と向き合えたのには、「なにがあっても、娘に生きていてほしい」という、決意にも似た強い思いを抱いていたからだろう。生きてさえいてくれれば、この子が自分とともに人生を歩んでくれるのであれば、ダウン症であっても構わない。ひょっとすると、それは強がりにも似た虚しい希望だったかもしれない。しかし、その希望を信じることで、澄美乃さんは、娘の幸せな未来を思い描くことができたのだと思う。

「そうよ。ダウン症は、外れじゃない。当たりなのよ……」

澄美乃さんは、噛み締めるように、もう一度そう呟いた。

ご夫妻にとって、もう1つ、励みになる出来事が重なった。

文乃ちゃんと同じ11月3日に、同じ病院で、ダウン症のお子さんが生まれていたのだ。それも、聞けば、住んでいる家もご近所同士。

「もう意気投合して嬉しくて。だって、宝くじやったら、ここの売り場から1等賞2本出ましたって、のぼり立てるくらいやで⁉」

今回ばかりは〝話のオチ〟を書き残しておこう。

そして、生後6カ月を迎えた文乃ちゃんは心臓の手術に臨む。応援することしかできないご夫妻は、手術室の前で手を合わせて祈り続けた。

6時間を超える手術は無事成功。文乃ちゃんは、オペ直後とは思えないほど血色の良い顔色で、すやすやと眠っていた。


6月29日退院。この日は、澄美乃さんの誕生日でもあった。

「ここがあなたの家ですよ〜」

澄美乃さんは、嬉しくて、文乃ちゃんを抱っこして家中を見せてまわった。


家にやって来た赤ちゃんの仕事はひとつ。〝泣くこと〟だ。お腹が減った、おむつ替えて、眠たいよ〜。赤ちゃんは、泣くことで母親に意思を伝える。ただ、時にどんなにあやしても泣き止まないこともある。文乃ちゃんにとって、そんな時の強い味方が、ドラマ『古畑任三郎』だった。

「もう、夕方にやっていた再放送がお気に入りでね。あのテーマ曲が流れて、〝ムフフ〟って、古畑が出てきたら、どんだけ泣いていてもピタッと泣き止んだんです」

お昼寝していてもテーマ曲とともにぱっちりと目を開け、食い入るように画面を見ていたという。

「キャラクターものには全然興味を示さなくて……。我が家ではアンパンマンより古畑でしたから、ずっとDVDを見せてました」と笑う。

周りの子が歩いたり、走りまわったりする中、初めて立ったのは2歳ちょうど。そこから今度は、歩くための努力を重ねた。

歩こうと足を出し、転ぶ。でも、涙をこらえて、再チャレンジ。再び足を出し、また転ぶ。時にテーブルにあごをぶつけ、口中に血が溢れた。

ゆっくりとだが、自分のペースで懸命に歩もうとする娘の姿を、ご家族は、伴奏者のごとく見守り続けた。

4カ月経って、初めて3歩を歩いた時には、赤飯を炊いてお祝い！　ほかの子どもにとって「当たり前」のことが、遅れてやってくる分、その都度、大きな喜びや感動に変わっていった。

「ハイハイも、物を掴むのも、歩くのも、できた時には、もう嬉しくて嬉しくて。文乃は、小さな努力を、大きな感動に変える才能があったように思います」

文乃ちゃん誕生から4年後。次女の愛美《まなみ》ちゃんを授かる。

「これが、1人目とは打って変わっての難産でしてね」

深夜に突然の陣痛。文乃ちゃんを実家に預け、慌てて病院へと向かう。お昼を過ぎても陣痛がじわじわと続き、すっかり体力を奪われた結果、生まれてきたのは夕方5時過ぎ。元気な第一声を聞いて、ふーっと息を吐いて病室に戻ると、すぐさま携帯電話が鳴った。「文乃が熱を出してん」という母からの連絡。

「2人目できた途端、えらい忙しいなぁと笑ってしまいました」

家族4人になった梶原家は、さらににぎやかに。文乃ちゃんは、ベビーベッドに寝そべる妹からひとときも離れず、遊ぶのも、本を読むのもベビーベッドの隣。「あい！　あい！」と、ベッドの柵からおもちゃを渡そうとする。今度は、妹をベッドからおろして抱かせてくれと母にせがむ。念願の抱っこがかなうと、頭をなでて「かーいー、かーいー」と、笑顔を爆発させた。

妹ができた文乃ちゃんは保育園に入園。

しかし入退院を繰り返し、1年目は40日しか行けなかった。

「夏休みくらいしか行ってへんやんって家族で笑ってましたけど、本心は、小学校行けるんかなぁという不安が大きかったです」

6歳になっても、言葉をまともに話せない。学校でいじめられるんじゃないだろうか……。考えれば考えるほど、不安は募るばかり。憂えたご夫妻は、あの日一緒にダウン症の子どもを授かったご夫婦と、養護学校の見学へと出向いた。

そこで目にした光景は、加配の教諭も付き、当然ながら障がいのある子どもの対応に〝慣れ〟ている分、すぐに打ち解けていく子どもの姿。それは、極楽にも見えた。

「これなら、文乃でも大丈夫！」

手ごたえを感じた澄美乃さんは、帰り道、一緒に行った奥さんと「幸せそうやったね」と笑い合った。すると、その笑みを断ち切るように、相手のご主人が思いもかけぬ考えを述べた。

「この子たちは、いつか、養護学校を選択しないといけない時が来るかもしれない。でも、小学校を逃したら、いつ健常児と一緒に過ごすの？」

「正直、『子どもが楽』＝『親が楽』という思いも、どこかにあったんやと思います。でも、それは本当に子どものことを考えての結論やろか……？　いろんな物事に立ち向かっていける力をつけるためにも、小学校は普通学校に行かなあかんと。目からウロコでした」

思い直した夫婦は、文乃ちゃんを、市立小学校に通わせることに決める。

「もう学校に行っている間、ちゃんと過ごせてるか不安で不安で……。でもね。要らぬ心配だったとすぐに気付かされました」

入学式から3日後。玄関を開けると、クラスメイトの男の子が立っていた。

「あやのちゃん、がっこいこ！」

きょとんとする澄美乃さんを前に、男の子は文乃ちゃんの手を引いて学校へと向かった。この日から、彼が毎日文乃ちゃんのお迎えをしてくれた。

学校へ着くなり、

「あやちゃん、ランドセル、棚に入れるよ」

「あやちゃん、靴さかさま～。直すで」

「あやちゃん、連絡帳出すで～」

「あやちゃんのプリントこれなー。忘れたらアカンで」

機関銃のごとく発射される子どもたちの〝あやちゃん攻撃〟。

学校へ迎えに出向いた澄美乃さんに、担任の先生がこう教えてくれた。「みんな、自分のことより文乃ちゃん優先で、『自分のことちゃんとしてからにしなさい！』って怒っても聞かないんです」。

中でも、大親友のりこちゃんは、文乃ちゃんにとって第二のお母さん。ある日、こんなことがあった。りこちゃんの帳面に、文乃ちゃんが落書きをしてしまったのだ。先生から事の顛末を聞いた澄美乃さんは、すぐに謝った。

「りこちゃんゴメンな！　おばちゃん、お帳面弁償するな？」

しかし返ってきた答えは、

「ええねん！　これ、文乃ちゃんのサインやし、このまま使うねん！」

にっこりと振り返って笑う姿に、澄美乃さんは無意識に涙がこぼれた。

「本当は落書きされてイヤな気持ちもあったかもしれません。でも、文乃ちゃんやから仕方がないと、この子たちは、6歳にして障がいのある子どもとの接し方を理解してたんです。ついつい色眼鏡で見てしまう親の方が、学ばされました」


女子だけでなく、クラスでは、毎日のように男子が〝好き好き合戦〟。

「オレ、保育園から一緒やし。お前なんか小学校からやろ?」

「なに言うてんねん! オレの方が、あやちゃんと家近いし!」

「もうね、ホストクラブみたいでしたよ! ある日なんて、『おばちゃん、あやちゃん抱えてて。えーで! 言うたら離してな。誰のところに行くか、やるから!』って、なんやねん、その遊び!」


男子の中でも、まことくんの熱の入れ方はすごかった。

〝好き好き合戦〟で、負け知らずだったまことくんは、桜が散る頃、「これ、あやちゃんに」と、澄美乃さんに一輪の桜を手渡すと、恥ずかしそうに足早に走り去った。それは、文乃ちゃんにとって初めての男子からのプレゼント。数日後には、意を決した表情ではっきりと、「おばちゃん、僕、あやちゃんと結婚したいねんけど!」。

「1年生にしてフィアンセができた〜! 言うて笑いました。よっしゃ! これで将来安泰や! と」

嬉しそうに笑う澄美乃さんから、視線を康弘さんの方に向けると……表情こそ笑っているが、目は心なしか嫉妬の眼差しで下を見つめていた。う～む……娘を持つ親心は複雑である。

「あやちゃんはオレが守る」――それが、まことくんの口癖。

まことくんの思いに応えてか、文乃ちゃんも、悲しいことがあると彼の胸にしがみついて泣くようになった。

それは、文乃ちゃんにとって、親以外に頼れる存在ができたことを意味していた。同時に、「家庭」という親の領域を少しずつ離れ、「学校」や「友人」という、彼女なりの「社会」を築こうとしていた証拠でもある。

子どもたちの誰もが、文乃ちゃんの笑顔に魅せられた。

「あやちゃんが来るのが楽しいねん」

勉強、遊び、行事――すべての中心に文乃ちゃんがいた。

ダウン症の子どもが、周りから愛されるのは、穏やかで、素直で、裏表がなく、心が美しく、誰もが愛さずにはいられない存在だからだ。そしてそれは、人間の特質の中でも、なによりも優れ、望ましいとされる素質ではないだろうか？

ダウン症の子どもたちが、周りとの人間関係を良好に築く力に長《た》けていることに関して、このように語る医師も多い。

『21番目の染色体には、良好な人間関係を築くために必要な遺伝子が存在している。それは人間らしさの形成に起因しているのではないだろうか』

社会を見渡せば、心が荒《すさ》むような事件ばかりの中、ダウン症の子どもたちこそが、「最も人間らしい存在」とさえ感じてしまう。そんな子どもたちを敬遠し、阻害してしまうという行動は、『世の中から人間らしさや優しさを取り除く』ことにつながるのではないだろうかと危惧せざるを得ない。

もちろん、小学校に通い始めたことで、周囲だけでなく文乃ちゃんにも変化があった。

頭をテーブルに打ち付けても歩く練習を止めなかった文乃ちゃん。そんな「頑張り屋さん」の性格が、運動会で花開く。放課後、ダンスの音楽が聞こえると、運動場に飛んでいって、輪の中に入って踊った。その様子を見た先生も友達も、文乃ちゃんに振り付けを教え出し、気が付けば、文乃ちゃんは自分の学年だけでなく、1～6年生まで全学年のダンスを覚えて〝完コピ〟状態に。

そんなこととは露知らず、家族全員、運動会当日にビックリ仰天！

「なんで、全学年のダンス踊ってるの！　ていうか、ちょちょ、ちょっと待って！　なんで文乃の衣装も全部揃ってるの！　って面食らいました」

一生懸命練習する文乃ちゃんを見かねて、先生が文乃ちゃんの衣装も作ってくれたのだった。

「本人は、全プログラム出るもんやから、さすがに疲れ果てて、午前中終わったら、お弁当食べて寝てしまう始末。それなのに親は、帰りに全学年のダンスの衣装持って帰らなあかんから大荷物で大変でした」

「あやちゃんとクラス離れてもうた。おかしい！　先生に文句言ってくる」と、まことくんが憤慨すると同時に、4年生へと進級した文乃ちゃん。

そんな7月のある日。悲劇は突然訪れる。

「熱はないけど、少し吐いてしまって……」と澄美乃さんのもとに、担任の先生から連絡が入った。「明日、念のため病院に行きますね」と、文乃ちゃんを引き取った澄美乃さんは、「まぁ、ちょっとしたら退院やろ」くらいに考えていた。

文乃ちゃんを病院へ送り、近くの商店街で買い物を済ませ、病室に戻ると、先生方が集まって、澄美乃さんに聞こえるか聞こえないかくらいの声で康弘さんと話をしていた。それは、隣のベッドにも聞こえないよう配慮した声量であり、第三者には聞かれると〝まずい〟話であることを示していた。

澄美乃さんに気付いた医師は、傍に立ち、こう告げた。

「文乃ちゃんは腎不全です。すぐに透析を始めないと命に関わります」

その夜。別室で状況の説明があった。

「血液検査の結果、原因が分からないのですが、血小板が想像を超える速度で壊れています。肺に出血も見られます。大変危険な状態ですとしか言えません」

単なる体調不良だと考えていた澄美乃さんは、思わぬ展開に言葉を失い、思考が止まり、膝同士がくっつき合うほど足がガクガクと震えた。


幾日か過ぎ、またも別室に呼ばれた。

部屋には、出生時、心疾患を伝えられたのと同じエックス線写真。胸が苦しくなる記憶がデジャビュ（既視感）のように蘇える中、医師が話した。

「恐れていた肺の大出血が起こりました。こうなると、手の施しようが……ありません」

机を叩いて澄美乃さんが問いただした。

「あやは、助からないってこと⁉」

医師は、黙って頷いた。

「じゃあ……、あやは、あやは、いつまで生きられるの⁉」

その問い、いや、叫びに対し、医師は俯き加減に答えた。

「2〜3日です」

場にいた誰もが、それ以上、言葉を発しなかった。

どんな親も、自分より先に子どもが死ぬなんて想像さえしていない。いや、なにより、そんなビジョンを描きたくもないだろう。

『なにがなんでも娘に生きてほしい。生きてくれさえすればそれでいい』――出生当時、そう心に決めて、文乃ちゃんを育ててきた澄美乃さんは、この状況でも「絶対に死なない！　絶対に死なない」と念じ続けた。

「あきらめへん！　あきらめへん！　あきらめへん！」

そう唱え続けるだけの眠れぬ夜――。「あきらめない」と連呼すればするほど、「もし、もしも……」という気持ちが、ふっと横切ることがある。澄美乃さんは、その想いを打ち消すように、また強く念じるのだった。

そして……そんな母の願いは、眠り続ける娘にも届いていた。

医師の見立てに反し、文乃ちゃんは体調を持ち直していく。肺の出血も徐々におさまり、その生命力に、「なんて強い子なんだろう」と医師さえも驚いた。

祈りにも似た強い思いは、時に困難な現実をひっくり返すほどの力を発揮することがある。人は、それを「奇跡」と呼ぶのだろう。

間もなく、面会許可が下りるほどに回復。すると、せきを切ったように、校長先生、担任の先生、もちろん、まことくん、りこちゃんを含めたお友達が、次々とお見舞いに訪れた。病室は、みるみるうちに、お花、千羽鶴、ぬいぐるみ、お手紙でいっぱいになった。

本人は麻酔で眠ったまま。加えて、体中点滴の管やモニターだらけという、子どもならず大人でさえ目を背けたくなるような状態。それでも、「麻酔中でも声は届くよ」との医師の言葉に、皆はパーッと笑顔を取り戻した。我先にと、懸命に生きようとする文乃ちゃんの手を握り、「あやちゃん、みんな待ってるからね！」と、面会時間終了のギリギリまで声を掛け続けた。

やがて、小児科、小児外科、腎臓の専門医、人工透析技師、心臓内科、リハビリ科……13名の医師からなる文乃ちゃんの治療に向けてのチームが組まれることとなる。その名も「チームあや」。澄美乃さんは、文乃ちゃんが大好きだったポケットモンスターのマスコット人形の中から、先生に似たキャラクターを選んで、それぞれに渡した。13名の医師は皆、その人形を胸に着け、「文乃ちゃんが頑張っているんだから、僕たちは絶対にあきらめない！」——そう鼓舞するように誓ってくれたのは、チームあやのリーダー〝ピカチュウ先生〟だった。

8月に入ると腎不全も快方に向かい、人工透析を行わなくてもよくなる。とはいえ、状態は一進一退を繰り返し、お風呂に入る時以外は24時間付き添いの日々。

「あやちゃん、今日暑いねぇ」「あやちゃん、なに食べたい？」

澄美乃さんは、一日中絶え間なく娘に話しかけた。

すると、担任の先生が、文乃ちゃんの励ましにと、クラスメイトのビデオレターを持ってきてくれた。「文乃、みんなのビデオ見よっか」と、その映像を流すと、不思議とスッ……と数値が落ち着いた。

「きっと、皆の声が届いていたんでしょうね……。文乃も、また皆と遊びたいと思ったのでしょう。夢の中では、毎日運動場を駆け回っていたのかも知れません」

「状態も落ち着いてきましたので、リハビリを開始します。順調にいけば、人工呼吸器を外す方向で考えています」と、先生から治療方針の説明がなされた時には、もう9月になっていた。

入院生活もひと月を超え、次女の愛美ちゃんも週末は病院で一緒に過ごすようになった。仕事帰りの康弘さんが温かいお弁当を買ってきて、文乃ちゃんを囲み、家族4人で夕食を食べるのが日常になり、病院がまるで家のようだった。

もうすぐ文乃ちゃんも家に帰り、家族4人での生活が始まる。

家族も、先生も、そして友達も誰もが皆、そう信じていた。

だが、神様だけが、その願いを許してはくれなかった。

秋の気配が漂い始めたある夜、文乃ちゃんに突然の急変。重々しい検査機材が次々と運び込まれ、慌ただしく指示が飛び交う。なにが起こったのか分からないご家族はうろたえた。酸素レベルがどんどん下がっていく。ようやく医師から説明があった。

「単刀直入に申し上げます。肺に出血が起きました、血小板を入れておりますが、おそらく間に合わないと思います……。覚悟が必要です」

澄美乃さんは、そんな医師の言葉を聞き入れたくなかった。聞き入れられなかった。

「なにが危ないの？」

「命が、です」

「なんの覚悟が必要なんですか？」

「命の、覚悟です」

「快方に向かってたんじゃないの？　分からへん！　なんで⁉」

何度尋ねても、医師たちは返す言葉を持ち合わせていなかった。

長い長い夜が明け、医師が交代で24時間、文乃ちゃんの傍に付いた。

そこに、文乃ちゃんが生まれた時から看てくれていた看護主任が、「記録を残していたのを思い出して、探したら出てきたんです」と、1枚の写真を持ってきてくれた。それは、生まれてすぐNIC

Uに入り、毎日面会に行っていた時の康弘さんと、文乃ちゃんを抱いた澄美乃さんの写真だった。

「生まれた時、こんなに小さかった文乃ちゃんが、今もずっと頑張ってるんだもんね」

文乃ちゃんの顔を見つめながら、写真を枕元に飾ってくれた。


9月28日、日曜日。

澄美乃さんは、朝一番で自宅へ戻ると、お風呂だけ入って、すぐ病院に戻った。病室では、康弘さんが携帯電話で文乃ちゃんに着メロを聞かせていた。そのメロディは、『古畑任三郎』のテーマ曲だった。

「あやは、いつでもこれ聞いたら、眠っても目を開いたよな……」


しかし、この時ばかりは、文乃ちゃんが目を開けることはなかった。


お昼を過ぎると、医師たちが険しい表情で文乃ちゃんの周りを動き始めた。怒号にも似た声が飛び交う中、澄美乃さんはふと、モニターに目を向けた。そこには、心拍数が赤色で大きく「0」と表示されていた。

「心臓マッサージしますか?」という言葉に、首を横に振った。命が助かるための延命ではない。ただ一度だけ息を吹き返すための延命はしてほしくなかった。

２００８年９月28日、午後４時54分。

溢れんばかりの思い出と、たくさんの夢を残し、なんの前触れもなく、静かに、文乃ちゃんは逝ってしまった。もう少しで10歳の誕生日だった。

「この時の情景は、今でも夢に見ます。でも、これは親として一生忘れたらアカンと思ってます」

澄美乃さんは口を真一文字に結び、そう言葉を絞り出した。

霊安室に運ばれた文乃ちゃんの手に、かわいい花のシュシュを付けてあげた。「かわいいね」「文乃ちゃん、よかったね」――そんな声が漏れ聞こえてくる横で、言い知れぬ悔しさがこみ上げた澄美乃さんは、やり場のない怒りに身を任せ、霊安室の壁を殴り続けた。看護主任が止めた時、握った拳には血が滲んでいた。

９月29日、お通夜。30日、告別式。

多くの人たちに送られ、文乃ちゃんは旅立った。

澄美乃さんは一日の大半を呆けて過ごし、儀礼的に家事をこなすと、夜は遺影の前に座り、うつむいて泣き伏した。

「家に引きこもって、買い物は愛美やパパに頼りっぱなし。この時は、自分が生きているのか死んでいるのかの実感さえ、まったくありませんでした」

　これからどうやって人生を過ごしていけばいいのか……完全に生きる希望を失っていた。

　そんな澄美乃さんを救ったのは……〝文乃ちゃんの友達〟だった。

　告別式から10日後。「ピンポーン」というチャイムの音と同時に、文乃ちゃんのクラスメイトが大挙してやって来た。

「あやちゃん、来たでー。遊ぼー！」

　澄美乃さんは意味が分からなかった。文乃はもういないのに、この子たちは、なんで来たんだろう……。

　気が付けば、ゾロゾロとやって来る友達で部屋はいっぱいになる。子どもたちは、文乃ちゃんがいた時と変わらぬ様子で遊び始め、いつものように2時間ほど遊ぶと「バイバーイ、あやちゃん、また来るな～」と言って帰っていったのだった。

　次の日も、その次の日も、子どもたちの訪問はやまなかった。文乃ちゃんの祥月命日には、20人の子ども達がギュウギュウ詰めになり、お坊さんの読経に手を合わせた。

　不思議に思った澄美乃さんが聞いた。

「みんな、なんでウチに来てくれるん？」

すると、口々にこう答えた。

「だって、ここに来たらあやちゃんの笑顔に会えるねんもん。ずっと友達やで！　当たり前やん！」

泣き暮らすはずだった日々は、文乃ちゃんの友達のお陰で、笑顔のある生活に変わった。

入学も近づき、愛美ちゃんに「新しいランドセル、買いに行こうか？」と尋ねたら、こんな答えが返ってきた。

「いらない。あやのランドセルで、あやと学校に行くから」

愛美ちゃんは文乃ちゃんのランドセルを背負い登校すると、その途中、5年生となった文乃ちゃんの同級生から声をかけられた。

「もし誰かにイヤなことされたら言うんやで。お兄ちゃんら、やっつけたるからな」

5年生となった教室には、文乃ちゃんの写真がクラスメイトと並ぶように飾られていた。

そして……2011年3月18日。

この日は、文乃ちゃんの同級生の卒業式。「卒業生入場！」という掛け声とともに、保育園から一緒だったあいりちゃんが文乃ちゃんの写真を持って入場してきた。先頭を行くのは、文乃ちゃんの写真。文乃ちゃんも一緒に卒業したい――そんな子どもたちの願いからだった。

「卒業証書　梶原文乃
あなたは本校において、小学校の課程を修めましたので、ここに証します」

卒業証書を受け取った母は、子どもたちの方を向き、深々と頭を下げた。そのお辞儀には、文乃と一緒に人生を過ごしてくれたこと、そして、絶望の淵にいた自分を救ってくれたことへの感謝の思いが込められていた。

卒業式では、子どもたちが一人ひとり、6年間の思い出や将来の夢をひと言ずつ舞台の上で話すのが最後の締めくくり。まことくんは、舞台に立つと、真っ直ぐ前を見て大きな声で最後の挨拶を行った。

「あやちゃんと、6年間、楽しい思い出がいっぱい作れて楽しかったです」

ご家族は、正直なところ、卒業式で文乃ちゃんへの思いに区切りをつけようと考えていた。いつまでも亡くなった人間にすがっても仕方がない……。でも、子どもたちの考えは違った。この子たちの心の中には、ずっと文乃が生き続けるのだと感じた。

文乃ちゃんが亡くなってから、澄美乃さんは、ある決意を固めていた。

澄美乃さんは、康弘さんにこう打ち明けた。

「養子、もらわへん?」

すぐさま康弘さんはこう答えた。

「ダウン症の子どももやったらいいよ」

澄美乃さんは、にっこり返した。

「私もそのつもり」

夫婦の思いは同じだった。

『もう一度、ダウン症の子を育てたい』

「文乃が見ていた世界を、もっともっと教えてほしかった。それを途中で終わらせてしまうのは、あの子にも申し訳ないと感じたんです」

母の中には「娘を育て切れなかった辛さが残っていた」。

康弘さんはこう語る。

「まぁ、正直言うとね、意図もなにもないんです。それが当たり前やろし、当然でしょ。同じ養子にするならダウン症でええんやん。いやね、健常児もらってアカンという話ではない。うちが引き取るなら、ダウン症しかないやろと思いました」

康弘さんは、格好をつけた言い回しや、理屈をこねて自分をよく見せようとは決してしない。思ったことをそのまま真っ直ぐに言葉に乗せる。その思いを推し量ることが、失礼に当たるとさえ感じてしまうほどだ。

そんな康弘さんが提案した唯一の条件が「周囲の理解を得ること」。

想像していたことではあったが、祖父母たちの反対は大きかった。

「母は、文乃がかわいかったんです。そんな文乃が死んでしまって……。ダウン症の子どもを養子にしたら、同じ悲しみ、苦しみをなんでまた味わわなあかんの……と。愛美を一生懸命育てたらええんちゃうか、とも言われました」

それでも、夫婦の意思は固かった。そこには社会貢献などという考え方はみじんも存在しない。ただ、「うちにはダウン症の子どもが必要」――それだけだった。

2010年8月、澄美乃さんは、新聞の養子欄に掲載された将伍《しょうご》くんの写真を見て、すぐさま連絡を取り、お寺さんが運営する乳児院へと面会に向かった。

将伍くんは、案内された教室で恥ずかしそうにこちらを見ていた。

「将伍くん、はじめまして、は？」
もじもじと職員に隠れながらも、しっかりと澄美乃さんを見つめるその姿を見た瞬間、澄美乃さんは、「あ！　うちの子や。うちに来る子や！　ってすぐ感じました」

将伍くんは、文乃ちゃんの死からひと月後の2008年10月、大阪市内の別の家庭で生まれた。実の母は、ダウン症を理由に育てることを拒み、生後1カ月半で乳児院に預けられた。

「3人兄妹の3番目として生まれたそうなんです。母親は、ダウン症と分かってから病院にはほとんど来なかったと聞いています。そう聞くと、同じ親として、胸が苦しくなりますけど……。まぁ、よく言えば、最初の〝家庭〟が存在しなかった分、将伍はうちの〝家庭〟にすんなり入ってきてくれたんだと思います」

……と、ここで、取材中、ずっと離れた場所で遊んでいた将伍くんが、突如として、澄美乃さんに近づいた。おそらく、自分の話をしているのが分かったのだろう。「ママ」と膝の上に座り、甘える姿は、誰の目から見ても「家族」だ。

しかし、実際に「家族」となるまでの道のりは、苦難の連続だった。

特別養子縁組の成立には家庭裁判所の審判が必要になる。梶原さん夫妻は、すぐさま管轄する児童相談所に、養子縁組を申請。しかし、返ってきた結果は「保留」。40歳が養子縁組の1つのラインとも言われる中、2歳になろうとする子どもを引き取ることに対し、両親が高齢というのが原因だった。

「なんで⁉ なんでなん！ と。高齢かもしれんけど、うちは、ダウン症の子どもを10年近く育てた実績もあるのに……。正直、文乃と歩んだ人生が否定された気さえしました」

それでも、将伍くんとの将来をあきらめるつもりはなかった。

家族は毎週末乳児院に通い、「週末里親」として、将伍くんとの愛を育んだ。最初は、院内で遊ぶ程度だったが、施設内を散歩したり、近所を歩いてまわったりと、少しずつ外に連れ出した。どこに行っても、将伍くんは、「この人たちがパパとママでしょ？」と言わんばかりに、抱きついて離れなかった。

幸せな時間が続く分、別れの時がつらかった。職員のもとに返すたび、将伍くんは「おかーさん！」と大きな声を上げて泣いた。それは、家族だと思っているからこその涙。「また来るからね」と言いながら、父も母も、愛美ちゃんも泣いた。

「将伍のためにもよくないと思いました。もうウチの子なのに……将伍も家族やと思ってくれてるのに、なんで家族を預けないとアカンの。〝返す〟ことをせなアカンのと……」

外泊許可までは数年を要した。それでも、初めてのハイハイも、初めて立ったのも、初めて歩いたのも、すべて梶原さんの自宅にいた時だった。夫妻にはそれが自慢であり、「この子は絶対にうちの子」という励ましにつながった。

およそ1年後、養子縁組の再申請。しかし、またしても結果は〝NO〟――。

下されたのは、戸籍に入れない「養育里親」という判断。これは、夫妻に将伍くんの里親になってもらい、定期的に預けながら適性を判断するという「保留」の状態を意味していた。

一刻も早く将伍くんを迎え入れたい。澄美乃さんは、そう考えていたが、同時に、ふと「親の一存で決めてもいいのだろうか？」と思い直した。

「私たち親は、先にいなくなるのが運命。その時、一緒に人生を歩んでいくのは姉弟です。だから、愛美の明確な意思があった方がいいのではないかと思ったんです」

澄美乃さんは愛美ちゃんに、改めて尋ねた。

「将伍が、うちの家族になることについて、どう思う？」

愛美ちゃんの答えは決まっていた。

「なに言うの？　そんなん、もう将伍はうちらの家族って決まってるやん」

愛美ちゃんは、当時の心境をこう話してくれた。

「ずっと弟だと思ってたのに、病院とかでは別の苗字で呼ばれるのが気持ち悪かった。まだ〝梶原〟ちゃうの？　私は、なにがあっても将伍を支えたいと思ってるのに……」

大好きだった姉・文乃ちゃんの死にショックを受けていたのは、幼い愛美ちゃんも同じだった。気が付けば、頭に大きな円形脱毛症をこしらえていた。しかし、その「10円ハゲ」も、将伍くんが家にやって来るようになってから、跡形もなく消えていたのだった。

私たち夫婦が先立っても、残された〝姉弟〟で生きていってくれる。娘の言葉を聞いて、『戸籍上も自分の子どもとして育てたい』と澄美乃さんは腹を括った。

意を決して、3度目の里親申請。

そして……2014年12月22日、ついに特別養子縁組が成立。

『長男　将伍』

戸籍に記された文字を見て、夫妻は新たな家族の誕生をなにより喜んだ。

この春から、将伍くんは市内の小学校に通っている。

「行ってきます」と、愛美ちゃんに手を引っ張られ、元気よく学校へと向かう後ろ姿は、仲睦まじい姉弟のシルエットだ。

そして当然将伍くんも、文乃ちゃんと同じように、学校に着くとすぐさまクラスメイトに取り囲まれる人気ぶり。

「将伍くん、朝顔にお水あげよ」――楽しいことがあれば、必ず誘いに来てくれる。高学年のお友達も「将伍くん、バイバイ」と、その存在を学校中のみんなが知ってくれている。

よく話し、よく歌う将伍くんと、絵が得意だった文乃ちゃん。2人の性格は、もちろん違うが、寝顔やしぐさ、その表情に、両親は「文乃ちゃんの面影を感じる」ことがあるそうだ。夫妻は、初めて手をつないだ瞬間、ドキッとしたと語る。その感触が「文乃ちゃんと同じだった」からだ。

将伍くんが家族となったことを、澄美乃さんは文乃ちゃんの仏壇に報告した。

「文乃、弟ができたよ。見守っていてね。でもね、あなたの代わりではないよ。あなたの代わりは、あなた以外いないから。3人兄妹になっただけだから、嫉妬しないでね、お姉ちゃん」

将伍くんは決して文乃ちゃんの生まれ変わりなどではない。

ご夫妻の決断を、そんな軽い言葉では語りたくない。

我が子がダウン症という事実を受け入れ、その死を経てなお、同じダウン症の子どもを養子として家族に迎え入れた梶原さんご家族。

最後に、新型出生前診断について聞いた。

「ダウン症だからって中絶するのは、単純に〝もったいない〟って思います。不安があるかもしらんけど、私たち見てよ⁉ フツーでしょ？ ダウン症やから悩んだり不安に感じることは、健常児の子育てとそないに変わりません。フツーの家族のように、笑い、泣き、もちろん時に怒り、フツーに生きてますから」

康弘さんも同意見だ。

「賛成でも反対でもないけどね……。まぁ、生まれてきたら、なるようになります。でも、どんな現実からも絶対に目をそらさないぞと、それが〝親〟いうもんちゃいますか」

いつでもドン！　とした態度のご主人。そんなご主人が後ろに控えていたからこそ、妻である澄美乃さんも、思い切った子育てができたのだろう。そして、文乃ちゃんも愛美ちゃんも幸せに育つことができたのだ。

「文乃のおかげで、世の中を見渡せば、いろんな子どもがいる、いろんな人間がいると気付かせてもらいました。だって、周りを見れば、もっともっと重い障がいを背負っている人がいます。でも、そのご本人も、ご家族も、毎日笑ってるんです。幸せそうに、笑って生きてるんです。そんな姿見てたら、私らなんか『楽勝』やん。なんやったら、『爆笑』して毎日生きんと申し訳ないとさえ思い知らされました。だって、心臓でも移植するしか方法がないというお子さんもいらっしゃるんですよ。それ聞いたら、文乃の心臓の穴なんてほな、絆創膏でふさいどこかって話でしょ（笑）」

澄美乃さんは、最後の最後まで、関西人らしいオチをつけてくれた。

そう、きっとそうなのだ。ダウン症の子がいるご家族は、心配ご無用！　みんな、みんな、今日も明日も〝大爆笑〟で生きている。だからこそ私たちにも、それを上回る〝大大爆笑〟で生きていく義務があるのではないだろうか。

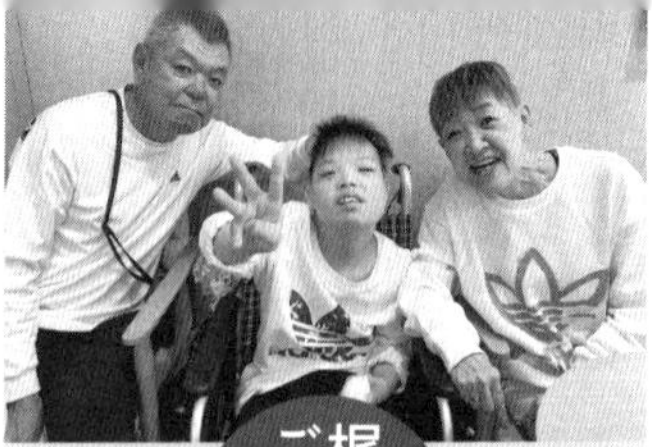

梶原さんご家族

あれから10年後「この子の母親でいられることが、すごく嬉しい」

～家族の意味とダウン症の意味～

「こんにちは！」

玄関から元気いっぱいの挨拶で出迎えてくれた梶原将伍くん。ランドセルを背負う姿もおぼつかなかった少年が、今や立派な高校生だ。そんな将伍くんの成長に目を細めつつ……それ以上に、康弘さん、澄美乃さん夫婦の〝ド派手ヘアー〟に目を見張る！

「毎月、髪を染め直してるねん。今月はパープルにして、この間はレッドヘアーやってんで。ご近所さんや知り合いも〝今度は何色に染めるんやろ？〟って、楽しみにしてくれてるから、期待に応える意味でもやめられへん」

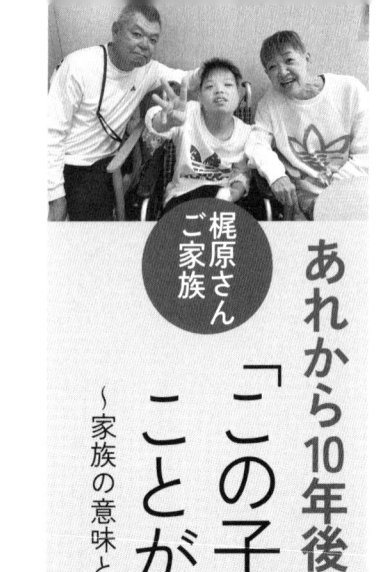

パープルヘアーの澄美乃さんが笑う横で、爽やかなブルーヘアーの康弘さんもつられて一笑する。

「あれから僕も定年退職してね。肩の荷が下りた半面、まだまだ子育てが終わらんから、大変ですわ」

ブルーヘアーは退職の反動なのか……。なにはともあれ、10年経った今でも、梶原家は笑いと驚きを届けてくれる。ちなみに10年ぶりの変化としては、以前は団地にお住まいだったが、数年前に一軒家に引越しを敢行。1階ではワンちゃんが駆け寄り、2階には22歳になった愛美さんと猫ちゃんがいて、ちょっぴり広くなった自宅で、たくさんの動物たちと暮らす生活も変わらない。

思い起こせば、2014年に将伍くんを養子に迎え入れてから、10年以上が経った。小学校では、文乃ちゃんを彷彿させるように、多くの友人や先生たちに囲まれて過ごした。だが、高学年に差し掛かった時、澄美乃さんは将伍くんの体に起きていた、ある異変を感知する。

「愛美がちょっと足をケガして整形外科に行ったんです。そしたら先生が、愛美ではなく、一緒にいた将伍の歩く姿を見て、『それよりお母さん、この子、膝が外れてるわ』って教えてくれて、もうビックリですよ」

ひょんなことから発覚した将伍くんの病状。慌てて紹介状を書いてもらい、別の病院で検査を受ける。下された診断名は「反復性膝蓋骨脱臼《はんぷくせいしつがいこつだっきゅう》」。膝蓋骨＝膝のお皿が、関節から外側へズレやすく、繰り返し外れてしまう状態が続く。将伍くんの場合、それが両膝に現れたのだ。

「要は、お皿の脱臼ですわ。それまでも歩き方が少しぎこちないとは感じてから、定期的に検査は受けてたんやけどね……」

康弘さんの言葉に、澄美乃さんもうなずく。

「別の病院で、1年に1回はエックス線検査を受けてて、ドクターに歩き方のことを聞いても、〝ダウン症ってこんなもんですよ〟みたいに言われて。文乃はしゃんしゃん歩いてたけどなぁ……と、気にはなってたんやけど、まさかそんなに酷い状況だとは夢にも思いませんでした」

2021年に左膝の手術に踏み切り、2022年には右膝も同じ手術を実施。ダウン症の子どもがギプスを付けた状態でどこまで過ごせるかのデータも乏しく、一度、経過を観察してから、もう1つの膝にメスを入れるという手法を選択。無事に成功したが、中学校生活は手術と入院に明け暮れた。だが、一難去ってまた一難とばかりに、厳しい現実が訪れる。

「もしも将伍がコケたらね、もう二度と歩かれへんかもしれないんです。手術でなんとか膝を保っている状態やから、もう二度と同じ場所にメスを入れることは出来ない。ドクターからも、万が一、コケて股関節が外れでもしたら終わりやからって宣告されてます。今はとにかく、転倒が一番怖くて……」

新たに股関節の手術をすればと考えてしまうが、成人と違って子どもの場合、身体が成長する前にオペをしてしまうと、片方の足だけが長くなるなど、その後の人生に悪影響を及ぼす可能性もある。

「それまではトレーニングで歩け、歩けやったのが、〝歩いてはいけません〟に、180度、治療方針が変わりました。もちろん、将伍も走り回って遊びたい盛りの年齢だとは理解しています。でも……最悪の場合を考えたら、親として今はガマンするしかないと」

将伍くんとご夫婦が下した決断は、『20歳になり成長が止まった段階で手術を受ける』だった。それは同時に、みんなのように外では遊べない、学校にも行けないという現実を理解しての決断だった。少しだけ深いため息をつき、澄美乃さんが述懐する。

「そりゃ、親として学校に行かせてあげたいですよ。友達と遊ばせてあげたいですよ。でも、授業中や登下校の途中になにかあっても、学校のせいにはしたくないし、責任を押し付けたくなかったんです。最終的に、子どもの責任を取るのは親です。親の責任ですから」

発せられた「親としての責任」という言葉の意味も、重みも、梶原夫妻は誰よりも理解している。将伍くんを養子に迎え入れると決めた時、この子の人生をすべて背負うと腹を括ったからだ。

誰かに手を差し伸べるには、勇気がいる。

だが同時に、誰かが差し伸べてくれた手を、握る方にも勇気がいる。

生まれてすぐに生みの親に見捨てられた将伍くんの手を、〝親〟になった以上、自分たちは決して離さない。〝息子〟の将来を何度もシミュレーションして下した「歩かせない」という決断は、最後まで親の責任を果たすという約束と使命感が導いた結論だった。

と思いきや、真剣な眼差しを崩すように、「でも、ぶっちゃけ将伍の中学校生活は、2回の手術で丸々潰れましたわ！」と、重い空気を振り払うように関西人らしく笑いに変える。これも梶原さん夫妻の優しさだ。

「でもね、将伍本人は車椅子が大好きなんです。〝オレのマシンや！〟ってドヤ顔で、車椅子生活をエンジョイしているみたいで。外出できるのが病院や、たまの買い物くらいなんですけど、そのたびに、足に着ける装具を自分で持ってくるんです。この子は明るい性格やから、置かれた環境で自分なりに楽しんでくれるのが、親としてなによりも救われました」

この日は、定期的な検査で、大阪市北区にある「北野病院」へ通院。我先にと車椅子に乗り込む姿は、確かにＦ１レーサーのコックピットを思わせる。車中は将伍くんが大好きな「Ｓｎｏｗ Ｍａｎ」を筆頭にアイドルソングのメドレーが流れる。

「思えば、文乃もアイドルが大好きでね。小学校の運動会の課題曲に、〝文乃ちゃんが踊れるから〟って理由で、ＴＯＫＩＯの曲が選ばれたことがありました」

澄美乃さんが笑う横で、ご機嫌に口ずさみながら束の間のドライブ気分を満喫！　家族が揃えば、将伍くんにとってそれはすべて〝楽しいお出かけ〟なのだろう。

病院に到着すると、勝手知ったるとばかりに颯爽と受付へ向かう。この日は朝から採血や検尿も控えていたのだが……。

「将伍はね、血管が見えにくいと、自分で腕をさするんです。先生が困らんように先回りする〝プロの患者〟ですわ！　アカンアカン、病院やから、大声で笑ったらあきませんね」

笑いを押し殺しながら、車椅子を押し進む。すると、澄美乃さんがまた、笑いを被せるように、将伍くんのあるクセを教えてくれた。

「将伍ね、若くてベッピンさんなお母さんが好きでね、気が付いたら、ず～っと見てるんです。彼なりの作戦があって、まず抱いている赤ちゃんに声をかけて、お母さんの興味を引くんです。誰が教えたんかホンマに……。まあ、思春期なんですかね？　知らんけど！」

高校生活を迎えて、男子らしい成長もあるものだと微笑む。そこから診察までは、病院特有の長い待ち時間に突入。将伍くんは、院内にあるコーヒーショップでオレンジジュースをゴクリ。その間、澄美乃さんが北野病院との不思議なご縁を明かしてくれた。

「実は文乃も愛美も、この北野病院で生まれたんです。今でも、〝チーム文乃〟のメンバーで、文乃のことを知ってくれている看護師さんもいたりします。そんな思い出深い場所で、将伍がまたお世話になるのは、どこか〝帰ってきた感じ〟もするんです。これもご縁なんでしょうねぇ」

そして、ゆっくりと目線を送るように天を仰ぐと、「文乃が生きていれば25歳ですから」と呟いた。

文乃さんが亡くなったのは2008年、9歳だった。気が付けば生きていた時の長さを、亡くなった後の時間が追い越していた。それでも、同級生たちは、今も頻繁に梶原家を訪れている。

「20歳の成人式の時にね、ピンポ～ンって同級生が来てくれて、〝文乃ちゃんも一緒に行こう〟って、写真を会場に持って行ってくれたんです。式典の鐘を鳴らした動画なんかも送ってくれてね。就職したり、結婚したり、子どもが生まれたり……その都度、同級生の皆が、報告に来てくれるんですよ」

「文乃ちゃん、私、結婚したよ」

「文乃ちゃん、私、ママになったよ」

「文乃ちゃん、僕、東京で就職するんだ」

人生の節目の報告を文乃さんと共有するのは、もはやルーティン化しているようで、さらに康弘さんに至っては、文乃さんの同級生に頼まれて、結婚式のバージンロードを一緒に歩いたとか⁉

「いや……よく家に来てくれる子でね。お父さんとの関係があまりよくないから、〝あやパパとバージンロード歩く〟って言われて……そんなん、断れませんやん！」

と、予期せぬ事態に照れくさそうに頭をかく。

ふと、佐々木サミュエルズ純子さんがおっしゃった『ともに育った子どもを増やす』という言葉を思い返す。文乃さんの場合、9年という短い時間だ。小学校生活に限れば4年間だったにもかかわらず、同級生の中で、文乃さんはずっと存在し続けていることを目の当たりにして、ともに過ごした時間が長ければいいわけではないと、強く思い知らされる。

日本には『互恵』という言葉がある。互いになにかの利益を与えあう関係を指し、血縁関係を超えた集団を形成する上で、欠かせない道徳原理として考えられている。同級生の誰もが、ダウン症のある文乃ちゃんから、「人として大切ななにか」を教わったと知っているからこそ、その謝意を伝えたくて、今も文乃ちゃんのもとを訪れるのかもしれない。

「梶原将伍くん、診察室へどうぞ」

過去の思い出話に花を咲かせるうち、診察の呼び出しがかかる。診察室に入ると、将伍くんの表情が瞬時に和らいだのが分かる。

「お腹見せてね〜。次は、背中に聴診器当てるね」

小児科の熊倉啓医師を前に、将伍くんはまるで借りてきた子犬のようになり、相好を崩す。長らく将伍くんを担当するだけあって、ダウン症への理解や知識も深く、なんでも答えてくれる安心感が心強いと、澄美乃さんも絶大な信頼を寄せる存在だ。

「前回、尿酸値の数値が高かったのですが、今回の検査では少し落ち着いてきました。このまま安定するといいですね。薬は引き続き継続して飲んでくださいね」

ダウン症の子どもは尿酸値が高く、痛風を患うケースも少なくない。熊倉医師は、そうした特性も加味しながら、血液検査のデータを細部まで分析。気になる数値をはじき出し、臓器の異常も含めた、万が一に備えた治療を施していく。さらに……。

「睡眠や食事はお変わりありませんか？　学校で使うタブレット端末が届いたんですか？　今はそんなんも使うんですね。お姉さんはお元気ですか？」

学校生活や愛美さんの様子まで、ご家族の声に耳を傾け優しくうなずく。

診察が終わり、名残惜しそうな将伍くんに、澄美乃さんが声をかける。

「ほら、将伍！　熊倉先生は、次の診察もあるんやから。家で愛美も待ってるから帰るで。ほな先生、ありがとうございました」

この日は自宅でお留守番だった愛美さんも、すっかり将伍くんの〝良き教育係〟だという。

「学校から配られた学習用タブレット端末の使い方とかも、全部愛美が教えてますわ。話し方もね、〝お母さん、ジュース、ちょうだい、って3語でちゃんと言わないとアカン〟とか、教えてくれてます。私がちょ～っとでも甘くすると、〝将伍のためにならへん、将伍が伸びひん！〟って怒られます……。

どっちが親か分かりませんわ！」

ダウン症の子どもが生まれたことで「家族の結束力が高まった」と、親御さんの誰もがそう答える。将伍くんという新しい家族が増えたことで、愛美さんは「姉」という役割を全うしている。

そんな家族の様子を、澄美乃さんはこう明言する。

「将伍がいるから、私たちも毎日、笑っていられる。この子の母親でいられることが、すごく嬉しいし、なによりも幸せです。大変やったけど、将伍を迎え入れてよかった。なんでしょうねぇ……家族って〝血〟じゃないんです。それよりも〝縁〟が大切なんじゃないかって」

会計を済ませ、半日かかった診察も終わると、不意に車椅子の将伍くんが「おかーさん」と、澄美乃さんに抱きついた。

「うん。うん。うん。今日も一日頑張った。頑張ったよ。将伍は、ホンマに強い子やね。ありがとうね」

そんな2人の様子を、言わず語らず見つめる康弘さん。その光景は、誰が見ても紛《まご》うことなき「家族」の姿だった。

取材から10年以上が経過し、多くのダウン症の子のご家族と触れ合う中、筆者の中で、梶原さん夫妻がダウン症のある子どもを受け入れた理由が、以前にも増して理解できるようになったと感懐を抱く。

実は最近、多くの人から受ける質問がある。それが……。

「ダウン症って、なんですか?」

個人差や個性も大きいだけに、一概に答えるのは難しい。あくまで個人の所感だが、こう答えるようにしている。

「ダウン症は『普通電車』です」

ダウン症はゆっくりだが、みんなと同じような成長ルートをたどる。その間、ほかのご家族が体験しないような出来事に遭遇する。例えば「コップで水を飲む」ということだけでも、取っ手付きのコップを持てた、ストローを口にくわえられた、取っ手なしで手に持てた、両手で持てたなど、数多くの「記念日」が存在する。特急電車が過ぎ去ってしまうような「駅」に停まり、のんびりと眺める景色はまた違った人生を見せてくれる。

筆者自身、三重県の田舎に生まれ育ち、当時はそうした電車を「鈍行」とか「各駅」と呼んでいた。だが大阪に来て気付いたのは、各駅に停車する電車を「普通電車」と呼ぶことだった。どこかのんびり、それでいて確実な足取りで歩むダウン症のご家族の生きるスピードやリズムこそが「普通」で「当たり前」なのではないだろうか？　そして、私たちの方こそ、どこか生き急いでいるのではないかという思いに駆られる。

そんな生涯に伴走できた親の喜びは、なによりも「心の収穫」が多い人生と言えるのかもしれない。梶原さん夫妻は、文乃ちゃんというダウン症の子どもと歩んだ人生の素晴らしさを感じていた。それゆえに、「その先を見たい」、いや、文乃ちゃんのためにも、「その将来を見ておかないといけない」という、使命感に近い感情があったのではないだろうか？

無論、将伍くんは、文乃ちゃんの代わりでは決してない。だが、10年が経過し、将伍くんが両親に似てきたことに肺腑を突かれた。

並んでテレビを眺める横顔は、康弘さんにそっくりだ。
慈しむように笑う表情や目元は、澄美乃さんにそっくりだ。
そして、〝アイドル好き〟も含めた性格は、文乃さんにそっくりだ。

「将伍、足が治ったら、めっちゃユニバ行こな！　年パス買って、長い間我慢した分、気が済むまで行こな！」

手術の後には、長いリハビリも控えている。だが、そのどちらも乗り越えられると、梶原さん夫妻は、我が子の強さを信じている。20歳を迎えた将伍くんは、どんな大人になっているのだろう？　どんな人生を見せてくれるのだろうか？

誰もいない隙に、こっそり将伍くんに話しかけた。

「将伍くん、足が治ったら、僕も一緒にユニバ行ってもいい？」

将伍くんはニッコリとほほ笑み、グータッチを交わしてくれた。楽しみな約束が、また1つ増えた。

足立さんご家族

「働くことを楽しむ天才！」

（※2014年取材当時の収録）

ダウン症の子どもを抱える親御さんにとって、「出生時の戸惑い」「学校の選択」に次ぐ3つ目の壁……それが「就職」である。

出生、進学、就職と今さらながら書き連ねてみて、この3点は、ダウン症に限らずどの家庭でも不安を抱え、話し合う〝議題〟に過ぎないとは思うのだが……。

人は誰しも、いずれは社会に出て働くことになる。ダウン症の人たちやそのご家族は、「働く」という行為に対して、どのように感じているのだろうか。

頭を軸にフロアを高速回転するブレイクダンスが飛び出したかと思いきや、複雑なコンビネーションダンスを自由自在に繰り広げる！　乳幼児から成人まで、ダウン症の人を対象にしたエンターテインメントスクール「ラブジャンクス」。

筋肉が付きにくく、激しい運動が苦手なダウン症の人たちの一助にと2002年に開校。以来、毎回1000人規模の定期公演をソールドアウトさせるなど、ダウン症の人たちに〝生きがい〟さえも与え続けてきた。

そんなラブジャンクスにおいて、誰よりも熱心に踊る女性がいる。名前は足立香奈美《あだちかなみ》さん、25歳。その年齢から、ラブジャンクスでは〝先輩〟に当たることが多い彼女。

これまで、2歳、7歳、10歳と幼い年齢の子どもを中心に、ダウン症のご家族の思いを伝えてきた。しかし、4例目にして初めて【成人を迎えたダウン症児のご家族】にお話を伺った。

1990年——。

バブル経済が崩壊を迎え、日本経済が大きく動き始めたこの年の5月24日、香奈美さんは生まれた。

「嬉しかったですねぇ。少し離れて上に男の子がいたんですけど、もう一人っ子かなと思ってた時にポンって授かって、しかも女の子でしょ？　実は、その何年か前に母が亡くなっていたので、女の子だと分かった時は、『母の生まれ変わりや』と思って、感動したのを覚えています」

と、母、喜美子《きみこ》さん（50歳）は、当時を思い返した。

足立さんご家族の場合も、最初にダウン症と告げられたのは、父・正幸《まさゆき》さん（51歳）だった。

「お医者さんから、すぐに来てくださいと連絡をいただいて、手続きの関係かなと思って、会社を休んで病院に出向いたら、『お父さん、ダウン症ってご存じですか？』と言われました。説明よりも前、一番最初に言われたのが、『すぐに名前を決めてあげてください』。『どうしてですか？』と聞けば『ダウン症の子は短命なので、名前だけでも先に……』と言われて。もう、さすがに頭の中が真っ白になって、最後に『お母さんには、1カ月間は話さないでくださいね』と告げられたんです……」

ダウン症の子どもを授かったこともさることながら、〝自分しか事実を知らない〟という無言の重圧が、正幸さんを苦しめた。

「実は1カ月間、いや1週間……なんか毎日、涙がずっとね……。今思い出しても泣けるんですけど、ずっと泣いてました」

約25年ほど前、今ほどダウン症自体が知られていなかった時代。正幸さんは、安心を追い求めるようにダウン症についての情報を探した。しかし、書店に赴き、いくらページをめくっても、「短命」「激しい運動をさせてはいけない」――医師が伝えたのと同じく、よい言葉は書かれていなかった。

せっかく生まれてきた娘が短命……。人知れず、苦悶のうなり声を上げて涙する日々。そんな正幸さんを救ったのは、父親の言葉だった。

「泣く自分を見て、うちの父親がこう言ったんです。『泣いて治るもんであれば、お前の代わりにワシが毎日でも、一年でも、泣いてやる。だから、お前は泣くのをやめろ』。その言葉が今も一番、胸に残っています。父が、そんな真面目なことを言うのは初めてだったんですが、親の偉大さが身に染みました。同時に、『お前が一番しっかりしないとダメなんだぞ』という言葉に、自分も父として、ドンと構えないといけないと思い直すことができました」

妻に事実を伝えるまでの1カ月。それは永遠とも感じるほど、とてつもなく長くつらい1カ月だった。対して、ダウン症と知った喜美子さんは、どのような反応だったのだろうか？

「私は1カ月検診の前に、お医者さんから聞かされました。突然、先生が『お聞きだと思うんですけど、この子はダウン症で短命で』と、淡々とした説明を受けて……。主人は、1カ月検診が終わったら話そうとしていたそうですが、その前に先生が言っちゃったんです。ビックリしてねぇ……ずっと健常児だと思ってましたし、私に配慮してくれたとはいえ、家族が黙っていたこともつらくて……とにかく泣きました」

夫の涙から1カ月、遅れて知った妻も、同様に涙を流した。

当時、ご夫妻はダウン症について、どのように捉えていたのだろうか。

喜美子さんは語る。

「娘がダウン症だと聞かされてから、改めて思い起こすと……学校にも、別のクラスにそういえばいたなとか、買い物でも店の奥に特有の顔をした人がいた、という程度で、知っているというより、『見かけたことがある』くらいでしたね」

正幸さんもうなずいた。

「25年前いうたら、今よりも障がい者の存在をオープンにせず〝隠す〟――そんな時代だったように思います」

情報もない、街中でもダウン症の子どももご家族も見かけない……。どこに行って、なにをすればいいのかさえ分からず、ご夫妻は、娘が生まれてわずか1カ月にして途方に暮れてしまう。

「でも、とにかくなにかしないと……前に進まない。後ろ向きになってしまう……。それは、娘の将来にもよくないと思いました」

足立さんご夫妻は、住んでいた枚方市の保健師さんに相談をした。すると、その方がわざわざ自宅まで来てくれ、「見に行きませんか？」と連れだって訪れたのが「療育園《りょういく》」だった。

「療育」とは、簡単に言えば、ダウン症などの障がいを抱える子どもの自立を目的として行われる医療と保育を合わせたものである。足立さんが、そこで目にしたのは、ダウン症の子どもも、そのご家族も笑い合い、心を通わせ合う姿だった。

「ダウン症と分かって自分たちは泣いてばかりだったのに、この人たちは笑っている。もしかすると、ずっと暗い気持ちで生きていくんじゃないかとさえ思ってました。だから、溢れんばかりの笑顔を見ただけで、胸がいっぱいになりました」

そんな様子を見て、ひとりの奥さんが喜美子さんに話しかけた。

「ダウン症の子どもは、あれもできないこれもできないとか、なんでも遅いとかって言われるけど、その子その子によって個性があるのよ。そりゃ、人間ですから、得意、不得意はあるけど、訓練してあげれば、できるようになるのよ。安心しなさい」

その言葉に、喜美子さんは「胸のつかえが取れた」と語る。

「自分ひとりじゃないんだって。先輩のお母さん方が頑張っていらっしゃると知って、自分たちも生きていけるんだと安心しました」

【障がい者の子どもを持つ親の会】――そう聞くとネガティブなイメージを抱く方が多いかもしれない。「大変よね……」「私たちだけね……」という親同士の傷の舐めあい、そんなふうに受け止められるかもしれない。

しかし現実は、療育の現場を訪れてみるとまったく違う認識であることに驚かされる。子ども同士が仲よく遊びながら学ぶ中、母親はといえば……飛び交うのは子どものグチ、夫のグチ。ひとしきり終われば、今度は最近の出来事を喋り合う。それは、玄関先の井戸端会議となんら変わらない。なんの変哲もない交流を通じて、自分たちは特別ではない、自分たちだけ世間と違うことはない。それを、言葉ではなく、体感して触れ合うことができる。それが「親の療育」という面において、なにより重要なことでもある。

正幸さんも語る。

「療育に行き始めてから、しっかりと娘を育てていこうというふうに、気持ちも大きく変わっていきましたね」

当時の写真を見返してみると、小麦粉の中に手足を入れて指先を動かすなど、楽しく遊びながらもダウン症の子どもの特性を考えたプランであることが垣間見える。

「昨日のことのように思い出しますねぇ。最近は、ダウン症の参考書も増えましたでしょ？　本をパラパラッと見たら、〝指先を動かすことが大切〟って書かれていて、あ！　あの頃の療育園が娘のためになっていたんだと、改めて実感しました」

香奈美さんが1歳を迎える頃、出生時に受けた不安な気持ちは、すっかり消えていた。

「歩くのは遅かったですね。周りの子どもが1歳になったら歩けるのに、うちの子は2歳半くらいで一人歩きができました。でも、焦りはなかったです。娘の成長を見ながら、2歳半になって「歩けた、歩けた、嬉しい！」という感じ。一つひとつ、当たり前のことを有り難いと感じながら、それがいつになるのか分からないけど、うちの子にはうちの子のペースがあると、一緒に付き添うようになりました」

やがて香奈美さんは、兄と同じ通常の小学校へと通うことになる。

その頃、部屋の片隅に置かれていたのが、使われなくなった「キーボード」。

兄が音楽教室に通ったものの、紆余曲折ありで断念。喜美子さんは、家計を預かる立場から当然、「せっかく買ったのにもったいない」と考えていた。すると、そのキーボードを見た香奈美さんが「私も音楽やりたい」と申し出たのだった。

喜美子さんは娘の行動をこう分析する。

「小学校に入ると、前向きな気持ちとともに自分のやりたいことをはっきり言うようになりました。

我が子ながら感心するのは、困難に立ち向かっても、絶対に投げ出さないんです」

最初は片手から練習を始め、周りの子より劣っていることに悔しさも覚えたそうだが、今では、当然ながら両手での演奏もできる。「やりたい」と言い出したピアノは、以来、休むことなく18年間通い続けている。

正幸さんも娘の〝やる気〟については同意見のご様子。

「小学校に入ったら体育で鉄棒を習うでしょ？　どうしても力がない分、思うようにできなくてね。親からすれば、多少〝仕方がない〟と思うんですが、本人は『自分だけできないなんてイヤ！』と、両手全部にマメができて、それが全部潰れて血まみれになって……それでも夜遅くまで練習をやめなかったんです」

正幸さんは、同時にこう語る。

「その姿を見て親があきらめてはダメだと、子どもの可能性を勝手に推し量って、決めてしまってはダメだと……。なんだか、子育てしながら勉強させられることばっかりでしたわ」

やがて、一般の中学校へ進学。当時の写真を見せてもらうと、「ちょっと太ってるから、あんまり見んといて……」と、恥ずかしそうに香奈美さんが目を背けた。

当たり前のことだが、ダウン症の女の子にも恋愛感情が存在する。思春期になれば、好きな人もできるし、かわいいと思われたいと当然ながら考える。障がいのある子どもを抱える親御さんの中には、青年期を迎えてもいつまでも〝子ども扱い〟してしまい、精神の育成が遅れてしまう場合もある。特にダウン症の子どもは、意思表示が控えめなため、親がその変化に気付いて、そっとアドバイスしてあげることが大事になってくる。

それはさておき……。

香奈美さんいわく「ダイエットも兼ねて」レスリング部に入るが、ほかに女子が入部することはなく、そそくさと退部。そんな折に出合ったのがダンスだった。

冒頭のラブジャンクスの公演を見た香奈美さんは、ひと目でその虜《とりこ》になる。

思い出したように、正幸さんが笑いながら話した。

「そういえば、医師から激しい運動はダメと散々言われましたけど、全然ダンスもできましたね！悩んでいたって結果は一緒なんですよ。思い切って前に進まないと」

高校は、当初通常学校を希望したが、枠から漏れ、養護学校へ通うことになった。

しかし、養護学校への進学が、香奈美さんの成長に、逆によい効果をもたらす。

「中学校では、やりたくても一歩引いて見ていたんですけど、養護学校に入ったら、人数も少ないから、『やりたい！』と言葉に出せるようになったんです」

香奈美さんは、学級委員にも立候補し、積極的に活躍する場所を求めた。同時に、自分よりも障がいが重い友達に対しては、手を引いてあげる、教えてあげるなど、周囲への気遣いも生まれた。

ちなみにではあるが、面目を保つ意味でも、養護学校で香奈美さんは15kgのダイエットに成功したことをお伝えしておく。

ご夫妻は、出生から高校卒業までの18年間をこう振り返る。

「周りの人からね、『大変でしょ』とよく言われるんですけれど、振り返ると〝ダウン症の子だから大変〟とかは全然ないですね。逆に楽しいことばっかりでしたね。普通の子どもより成長は遅いんですけど、その分、喜びというのも倍以上になって返ってくるので〝つらい〟というのはなかったですね」

と、正幸さんが話せば、喜美子さんもうなずく。

「やっぱり大事な自分の娘のことだから、つらいというのはなかったです。療育園に行く姿、学校に通う姿、歌を歌ってる姿――とにかく、なにをしても笑顔が絶えない子だったんで、逆にこちらがその笑顔に支えられました」

そして、いよいよ香奈美さんは社会に出ることとなる。

卒業を前にした2年生の時から、さまざまな作業所を見学していた香奈美さんと両親は、職業訓練所より作業所で実際に「働くこと」を選んだ。

〝働く〟ということの意味を誰よりも理解している正幸さんは、その意図をこう語る。

「自分が働いて教わることが一番だと思ったんです。訓練も大切ですけど、働いて怒られたり、悔しさを味わって、それで責任感が強くなります。社会に出ることの意味を知るためには、働かないと分からないと思ったんです」

自宅から車で10分ほどの場所にある「おれんじはうす」が香奈美さんの勤務先。1992年に開所し、ダウン症だけでなく自閉症や発達障がいなど、さまざまな障がいのある人が働く作業所だ。仕事内容は、クッキーの製造・販売から、商品の梱包などの軽作業まで、幅広く請け負っている。その様子を見学させてもらった。

香奈美さんは、毎朝9時頃に出勤。お昼の休憩を挟み、17時頃までが労働時間だ。

「おはようございます」

朝の挨拶とともに出勤し、体操や着替えを済ませると、すぐに1階の工房でクッキー作りを始める。職員の指示を聞き、作り上げる数量や種類のリストを確認してから、1日の作業開始！

仕事は分担制。砂糖を計量する人、生地をこねる人、焼き上げる人と、それぞれの力量によって工程を割り振られる。

香奈美さんの現在の持ち場は「洗い場」。クッキーシートや計量器具など、作業が進めば進むほど、洗いものが次々と彼女の前に置かれていく。香奈美さんは、

「手、切りやすいから気をつけんとな」

「少しずつ洗っておかんとたまるからな」

と、自分自身に言い聞かせるように、確認しながら丁寧に洗っていく。単純作業とはいえ、細部まで決して手を抜かない。

「今日は少ないですけど、お祭りの日などはてんてこまいですよ。あれ見てください」

そう職員さんが指差した容器には、チョコチップ、ラムレーズン、オレンジ、ゴマ、クルミ……と、数十種類もの色鮮やかなクッキーが箱詰めされている。繁忙期には、朝から夜までひたすらクッキーを焼き、作業場がいっぱいになるそうだ。

「上、手伝ってきます」

クッキー作りが一段落したと思いきや、香奈美さんは誰に言われるわけでもなく、２階の作業場へ向かった。そこでは、紙コップの出荷作業の真っ只中。

「午後2時半までに2000個よ！　納期よ、納期！　間に合わすよ！」

職員さんの檄《げき》が飛び交い、筆者も取材の手を休めて手伝おうかと思うほどの慌ただしさ。そんな中でも香奈美さんは、真剣な眼差しで作業に勤《いそ》しむ。作業に没頭するその後ろ姿は、こちらが声をかけるのをためらってしまうほどだ。

作業所での働きぶりを伺う中で、職員の誰もが口々に言う言葉があった。それは、「手を抜かないので困る」というもの。

「カゴいっぱいになったよ。それ、こっちにもらおうか？」

香奈美さんは、自分の作業の終わりが見えると、すぐにほかの人の作業を少しでも手伝おうとする。自由な時間が生まれても、次から次へと仕事を探して働き始め、言葉通りにまったくもって〝手を抜かない〟。

ひょっとすると、ダウン症の子どもが本来持ち得る【人の役に立ちたい】という貢献的姿勢は、社会に出て働き始めた時にこそ、最も輝くのかもしれない。

それは、「働く時間は、お給料をもらっている分、しっかりと働かないといけない」という「労働の意味」を真摯《しんし》に受け止め、職場に臨んでいるがゆえの行動だとも感じられる。

施設長の宮城幸子《みやぎさちこ》さんはこう語る。

「ダウン症の子どもは集中力がないいって言うでしょ？　でもね、働き出したら『この時間はきっちり働かないといけないいな』『この時間はゆっくりしても大丈夫やな』って、習慣ができ上がってくるんです。集中力も、社会に出て働くことを経験することで、徐々に生まれてくるものです」

「働くリズムができるまで、ちょっと時間がかかったかな」

と喜美子さんが語るように、最初の1年は思うようにいかず、怒られることもあったそうだ。ダウン症の人は裏表がない分、「序列」というものに鈍感な部分もある。そのため、先輩の言うことを聞く、教えてもらうなど、社会に出て初めて経験することも多く、戸惑うこともしばしば。

「それでも、働き出してからは〝仕事をする〟ということに対して、気持ちが分けられるようになりましたね。『ここからは仕事だからしっかり勤め上げよう』『家に帰ったら、ゆっくりしよう』と。それに、洗濯物や洗い物など、〝生活の中で自分ができること〟を見つけて、『これは私がやるわ』と、自分の仕事としてくれたんです。もう子どもじゃないんだなと身に染みました」

対して、正幸さんは、働く娘を見てこう感じたそうだ。

「娘は、働くことに絶えずワクワクしているでしょ？　自分が働いている時と比べて、こんなにワクワクしていたかなと……。改めて考えさせられました」

その言葉に、ハッと気付かされることがあった。

クッキー作りの作業中、香奈美さんは、先輩の仕事ぶりを、その手先を凝視するように、じっと観察している場面が多かったのだ。

その真相を、香奈美さんはこう明かしてくれた。

「いつか、自分もクッキー焼いたりしてみたいから、ちょっとでも覚えようと思って見てるねん」

香奈美さんが作業を見つめるその視線には、「自分もやってみたい」という憧れの念が込められていた。

目標を抱き、それに向かって努力を重ねる。社会人を数年も経験すれば、いつしか消え失せてしまう「労働の喜び・達成感」を、彼女たちはずっと持ちながら、働き続けていくのだろう。

ダウン症の人の労働能力は、健常人に比べて低いかもしれない。しかし、総じて**【働くことを楽しむ能力】**に関してはズバ抜けて高いように感じる。それは人間としてなによりも大切な能力だとも思う。

働くというのは「社会参加の方法」を知ることである。働いて、対価を得て、好きなことができる。

働くことに喜びを見出し、同時に、社会参加した実感を得て、楽しい人生を歩めていると感じられる。

誰もが大切なことだと頭では理解しているものの、自分自身、胸に手を当てて振り返ってみても……実践できていない人が多数ではないだろうか。

ダウン症の人は、その図式こそ理解していなくても、無意識のうちに、その行動を実践している。それは、ある意味、ダウン症の人たちの働き方こそ、〝最も人間らしい労働観を所持している〟とさえ感じてしまうほどだ。


ちなみに香奈美さんは、お給料を毎月貯金しているそうだ。その使い道を尋ねると、

「夢があんねん。お金を貯めて、東京に行ってな……」と話し出せば、

「ディズニーランドに連れてってくれる⁉」と目を輝かす母。

「東京で仕事する言うんか⁉」と慌てて身を乗り出す父。

答えは……「嵐のマツジュンに会いたい」で、全員ズッコケ。

喜美子さんが取り繕うように話した。

「私も、新・御三家で西城秀樹派でしたから、血筋かしら。あれ？　西城秀樹とマツジュン、似てません？　ロ〜ラ♪　ですよ！」

５つ離れた香奈美さんの兄は、静岡の自動車メーカーへ就職。後に生まれた弟も、建設機械のメーカーへ。これは、自動車とル・マン好きの父、正幸さんの影響だとか。

「今振り返ると、兄弟2人とも、香奈美のことをなにも言わなかった。学校で『お前の妹、ダウン症や』と、からかわれることもあったと思う。でも、決してそれを家では言わなかった。もちろん、家族を責めることもなかった。親として感謝している」

正幸さんの表情からは、父母がいなくなっても、兄弟3人が手を取り合って人生を歩んでいってくれることを信じて疑わないことが窺える。

そんなダウン症の子どもと25年もの人生を歩んできた足立さんご夫妻にとって、新型出生前診断に関するニュースは「茫然自失」の一言だった。

喜美子さんは語る。

「やっぱり……生きてきた25年間を否定された気持ちが強かったです。ダウン症の子どもはいなくていいと言われているように感じました。人間は自分が一番かわいい。それは分かります。でも、次もまたダウン症の子どもが生まれたら、もう一度中絶するんでしょうか？　ダウン症の子どもも一緒に暮らして当たり前と感じてほしい。そういう意味で、共存はできていそうで、できていないのかもしれません」

正幸さんは語る。

「周りの人が気を遣って『あなたたちだったら育ててくれると思って、神様が授けてくれたんだよ』と言いますが、実は全然違うように思うんです。逆に神様は、僕たち夫婦の〝弱い面を助ける〟ために、この子を授けてくれたんじゃないかなって。『ダウン症の子どもを育ててごらん。きっと、考え方が変わるよ』というメッセージだと受け止めているんです。そんなダウン症の子どもを排除する動きは……単純に悲しいですね」

ダウン症は、その呼び名から「DOWN（ダウン）」＝健常者に比べて、ランクが低いような意味合いに捉えている方も多い。しかし実際、ダウンという言葉は「ダウンジャケット」など【暖かくて柔らかい羽毛】という意味もある。人の心を、温かく、優しく包み込む……それが「ダウン症」の人たちの役割ではないかと思う。

最後に、25歳を迎えた香奈美さんへのメッセージを聞いた。

正幸さんは、

「娘は、子育て、勉強、そして働くということについても、自分が歩んできた人生や考え方を見事にひっくり返してくれました。次は、どんな感動を与えてくれるのかと、子どもの未来に期待している自分がいます」

と将来を見据え、笑顔で答えてくれた。

喜美子さんも、こう語る。

「楽しみでいっぱいです。親の方が先に〝お迎え〟が来ますから、難しいのは分かってますけど、どんな人間になっていくのか、その先を知りたい。それは、不安だからではありません。この子が、どんなふうに年を重ねて、どんなふうに笑っているのかを、ずっと見ていたいんです」

それを聞き、ダウン症の子どもを養子に迎えた梶原澄美乃さんの言葉が、頭の中をよぎった。

『この子が、見ていた世界を、もっともっと見せてほしかった。伝えたかったその思いを、もっと教えてほしかった。それを途中で終わらせてしまうのは、申し訳ないと思ったんです』

成人を迎えるとともに、多くの親御さんが「子育てが終わった」と感じられるのではないだろうか？しかし、ダウン症の子どもに関しては、成人した後も、「その先を見続けたい」と思われる親御さんが多いように思う。

ダウン症の子どもが、その成長とともに親に味わわせてくれる経験は、それまでの人生観を覆すような、なにものにも代え難い、尊い経験ばかりである。そんな経験が幾重にも折り重なり「ひとつの人生」を紡ぎ上げていくとすれば……「その先を見たい」という親の願いは、至極当然とも感じられる。

取材を終えて帰ろうとする頃、「読んでいい？」と、香奈美さんが母親に宛てて書いた手紙を読み上げてくれた。

「本当に生まれてきて一番楽しいよ。

なんにもできない私だけど、一番頼りにしてくれるのがお母さんです。

仕事も頑張ります。産んでくれて本当にありがとう。

こんな私だけど、大切なお母さんを守ってあげたいと思います。

嬉しいです。　香奈美より」


ダウン症の人たちは、真っ直ぐなその思いを言葉に乗せる。それは、文章を作るという作業が無意味に感じられるほど、思いが連なった言葉ばかりだ。


涙する父母。しんみりした雰囲気を破るように香奈美さんが話す。

「今日は、お母さんへの手紙やからな。お父さん入ってへんけど、まぁ……同じような気持ちやで！」

最後まで気遣いと優しさを忘れない。


そんな中、喜美子さんが声を振り絞るように呟いた。

「あのね……、喜井さんご家族が、私たちの目標なんです」

あれから10年後（筆者より）

足立様ご家族に関して、環境の変化もあり、今回の取材をお断りしたいとのご連絡をいただきました。

香奈美さんは、10年前と変わらず、一生懸命に働きながら、今もダンスに通っているとお聞きしています。

今回、取材は叶いませんでしたが、ご家族の皆様の変わらぬご健康とご成長を、心よりお祈りしております。

ダウン症と「働くこと」の意味

ダウン症のある方の場合、企業などで働く「一般就労」よりも、小規模作業所や就労継続支援施設など、いわゆる「作業所」で働くことを選択する人が多いだろう。だが、〝工賃〟という名で呼ばれる給料は非常に少なく、毎日働いて受け取る工賃は月に1〜2万円と低収入が常態化している。施設側に利用料や食事代、送迎代などを支払っている場合さえ見受けられる。

同時に障がい者年金を2カ月で約13万円ほど、つまり毎月6万5000円ほどを受給しており、年金頼みで生活するのが現実だ。

しかし近年、「工賃10万円」を掲げるなど、作業所改革に取り組む施設も増えてきた。筆者が取材した中でも、愛知県のあるワイナリーでは、広大な敷地でブドウを育て、ワインを醸造・販売するのは障がいのある人たち。彼らの月額工賃は平均で約6万円、中には10万円を超える人も珍しくない。

だが、ブドウを育てることは簡単ではない。土づくりから、傷んだ実をハサミで丁寧に取り除くなどの果実の管理、台風や自然災害への備えや収穫まで、忙しい日々が1年中続く。

即売イベントでは、ダウン症のある男性が〝名物売り子〟として、商品であるワインをPRしていた。彼は働く喜びについて、こう声を弾ませた。

「畑では、重い物を運ぶなど、自分にしかできないことで頼りにされます。その日その日が無事に終われば、やった分の成果があるのがいい。将来的に家族ができたら養えるくらい稼げれば嬉しい」

そんな中、ワイン作りにアドバイザーとして関わるソムリエの女性から、印象深い言葉を聞いた。

「すべての作業は人の手で行われ、きめ細かにブドウを見守ることができます。手をかけないとおいしいブドウに育ちません。知的障がいの仲間たちは生真面目だから、繰り返しの作業をやり遂げることができます。ワインには、不思議なのですが、生産者の性格や考え方が表れます。ここのワインには、仲間たちの笑顔や労働の対価を得ることから生まれた自信が出てきていると思います」

障がいのある人が育てることの付加価値が、商品に表れると言うのだ。施設に限らず、企業でも、障がいのある方に「仕事を与える」という考えに陥りがちだ。だが、発想を少し変えて「障がいのある方にしかできない役割があるのではないか？」と考えてはいかがだろうか。

その先に、今まで考えも及ばなかったような仕事や職業がまだまだあると、筆者は信じている。

喜井さんご家族

「ダウン症って不幸ですか？」

（※2014年取材当時の収録）

ダウン症が長らく「病気」として捉えられてきた背景には、心臓疾患などの合併症で、命を落とす子どもが多かったことが影響している。その多くが、手術や治療でコントロールできるようになった現在。むしろ、健常者と変わらぬ寿命をまっとうすることを考慮すれば、「成人してからの人生設計」というのが、大きな課題となりつつある。

「クオリティ・オブ・ライフ（人生の質）」という言葉が叫ばれる昨今。ダウン症の人たちやそのご家族は、社会に出て「働く」ということ、そしてその先に連なる「生きがい」を、どのように捉えているのだろうか。

その答えを求め、足立さん夫妻が口をそろえて「目標」と語った喜井さんご家族のお話を伺うべく、大阪府高槻市へと向かった。

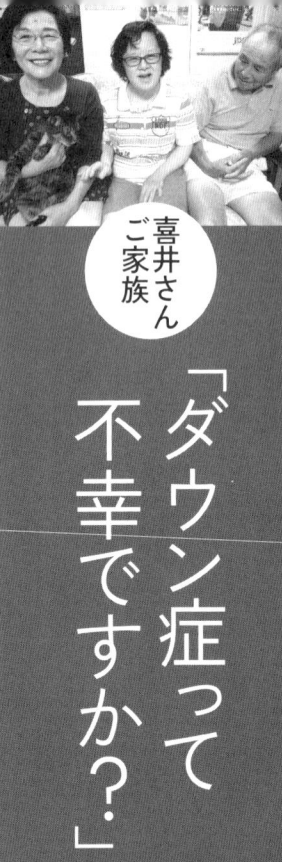

「15時48分のバスにお乗りください。バス停の前でお待ちしております」

いただいた丁重なお手紙通り、母・節子《せつこ》さんは、バス停の前で到着を待っていてくれた。

「今日は、この夏一番の暑さみたいで。そんな日に遠くまで申し訳ございません」

この日も気温35度を超える猛暑日。それでも、節子さんは80歳とは思えないピンと伸びた背筋に、凛とした佇まいを崩さない。


自宅マンションに案内されると、今度は父・勝昌《かつまさ》さんが出迎えてくれた。定年退職後にウオーキングを始め、全国津々浦々を歩いて巡っているそうで、日焼けした腕が若々しさを物語っている。

「今日は、今年一番暑いみたいやね。暑いのにすみません」

テレビでお天気キャスターが「今年一番の暑さ」と言っていたのだろうか？　夫婦揃って同じ第一声に、思わず笑みがこぼれそうになる。これも長年連れ添った夫婦だからこその〝阿吽《あうん》の呼吸〟。

娘さんである晶子《あきこ》さんは、この時間まだお仕事で帰宅されていない。

「あっこ（晶子）のいないうちに、お話ししておきましょうか？　でもね、私らの人生の話なんて、面白いことなにもありませんよ」

ご夫妻は、慎み深く前置きし、「晶子さんとともに歩んできた人生」をゆっくりと話し始めた。

晶子さんが生まれたのは、高度経済成長期の１９６７年9月15日。待望の長女は、体重３３２０ｇというジャンボベビーだった。

「もう、妊娠中はおなかもパンパンでね」

節子さんは、まるでタイムスリップして妊婦時代に戻ったかのように、おなかをさすりながら、優しい面持ちで遠くを見つめた。

だが、生まれて間もなく「血液型不適合」が判明。これは、通常混じり合わないはずの母胎の血液と胎児の血液が混ざり合ってしまい、免疫反応から赤ちゃんの赤血球を攻撃してしまうという、まれな病気である。

生後7日目にして「交換輸血」を敢行。そして、この頃、心臓の疾患とともに、我が子がダウン症であるとの告知を受けた。

「今から50年近くも前でしょ？　想像つきます？　もちろん、ダウン症という言葉さえ聞いたことなかったですもの」

医師に問いただしても、病状などの具体的説明はなにもなかった。それどころか、ある医師からはこんな言葉も聞かされた。

「ダウン症の子どもは、積極的に手術をしません。この子たちは、将来、働いて税金を納める人たちではありませんから」

その言葉が示す通り、病院でも積極的な治療はなかった。父・勝昌さんは、こう振り返る。

「カテーテル取ったくらいで、箱の中（保育器）に入れられて、ほかされとるような感じやったなぁ……。言葉悪いけど、死ぬのを待たされているようなね……」

それでも、「このあたりに、本屋はありますか？」。

金融関連の仕事をしていた勝昌さんは、仕事先で時間を見つけては書店に立ち寄り、「医学書」のコーナーをくまなく見てまわるのが日課になった。専門書を読み、些細なことでも構わないと、ダウン症に関する情報を求め続けた。

「でも、どんだけむつかしー本を見ても、症状だけしか載ってなかったね。治療とか、対応とか、どうしていいのかもまったく分からんかった」

さらに、どの医学書にも決まって書かれている「短命」という言葉の積み重ねが、ご夫妻を追い込み、苦しめた。

「短命って……どれくらいで死んだら短命って言うの？　平均はどれくらいなの？　じゃあ、この子はいくつまで生きるの？……でも、その答えは誰も教えてくれませんでした」

節子さんが言う通り、調べても調べても、書かれているのは断片的な情報のみ。そして調べれば調べるほど、絶望的な情報が頭の中に上書きされていくだけだった。

耐えきれず、節子さん自身も辞書を引いた。すると……、「ダウン症の項目に『白痴』と、はっきりと書かれていました。忘れもしません。生まれてきたこの子は、短命で知能が乏しいと、辞書でさえ宣告していたんです」と、悔しそうに唇を噛んだ。

節子さんは、後に、晶子さんと歩いていた道すがら、道行く人にこんな言葉をかけられたと言う。

『こんな子、家庭で育てずに、施設に預けたらいいのに』

すると勝昌さんが目をむいた。

「そんなこと言われたんか？　……ワシ、初めて知った」と驚きの表情で節子さんを見返す。

「だって、夫婦と言えども、全部が全部、相手に教える必要ないでしょ？」

と不敵な笑みを見せる節子さん。とはいえ、すぐに神妙な表情を取り戻し、こう続けた。

「今日は元気で生きている。でも、いつ、この子が死んでもおかしくない。そんな恐怖と戦ってきました。ずっとずっと、いつ、娘の人生が終わるかもしれない恐怖と、覚悟して戦ってきました」

「ダウン症の子が短命である」という説が現在でも根付いている背景には、心臓疾患や感染症による死亡率が高かったことが原因である。しかし、その裏には、喜井さんご家族が経験されたように、障がい児の受け入れ・治療に消極的な医師が多かったという別の問題が見え隠れする。

なにより、そんな現実がまかり通ったのには、医師だけでなく、「親戚の手前もありますので、なかったことに……」という親の思惑も表裏一体。「短命」という情報が漏れ伝わったのには、『短命である方が助かる』という、ダウン症の赤ちゃんにとって言葉にし難い、悲しい現実が存在していたからではないだろうか?

喜井さんご夫妻は、当時からすれば稀有な存在と映ったかもしれない。それでも、「生まれてきた命」を決してあきらめなかった、捨てなかった。

「もしも、早くに亡くなってしまったら、それはそれで運命。下を向いていても仕方ありませんから、この子の自力、生命力を信じようと思ったんです」

と、節子さんは前を向いてはっきりと言った。

これは、現在でいうならば、新型出生前診断で「陽性」と診断されても産むことを決断した「わずか4人の母親」と並ぶほど、勇気溢れる行動だったのかもしれない。

出生から2カ月を過ぎた頃、紹介を受けて専門の病院へと転院。そこは、甲子園の高級住宅街の近くにある、子どもの心臓病における実績が豊富な専門医のいる病院だった。節子さんは、治療を続ける晶子さんを毎日のように訪ね、ガラス越しに、保育器の中にいる子どもを見守った。

「窓を覗くと、部屋の真ん中で、保育器の中に子どもが入ってるでしょ？　だから、窓と保育器と、二重のガラス越しに娘の表情を見るだけでした。それでも、今日も生きてるなぁと。毎日、それだけで幸せでした」

娘の顔を飽きることなく、いつまでもいつまでも眺め続けた。

勝昌さんもうなずく。

「この子の生命力は強かったね。私は生きるんやと、無言やけど、そう言うてるような感じやった」

突然、勝昌さんが、「そうそう。これは、妻にも言うてないんやけどね……」と、先ほどの仕返しとばかりに話し始めた。

「当時は、治療に保険がきかんから実費でしてね。私は、その時の月の給料が5万円。家賃が1万円に対して、入院費が6万円もしましてん。だから、毎月給料を即、病院へ持って行ってました。今言うけど、ぶっちゃけそれが一番大変やったんです」

それを聞き、今更なにを言うの？　という表情の節子さん。ため息のあと、「どんな形でも、子どもを全力で支えるのが親というものじゃありませんかね？」と、夫の言葉を繕った。さすが、間もなく「金婚式」というご夫婦だ。

両親の期待と、たっぷりの愛情、そして、勝昌さんいわく〝少しの先立つもの〟を注がれた小さな命。晶子さんは、8カ月にしてようやく退院し、自宅へとやってくる。

ご家族が最初に住んだのは、神戸の下町にある文化住宅だった。

「集合住宅なのが、この子にはよかったんです。内風呂がないから、銭湯に行くでしょ？　つまり、外に連れ出さないといけないんです。それで、自然と閉鎖的に家の中で閉じこもることなく連れ出せたんです」

銭湯では、節子さんが入浴している間に、脱衣所では、決まって近所のおばちゃんが晶子さんの着替えを済ませてくれていた。

「地域の子ども」という言葉が、まだ残っていた時代。晶子さんは、ダウン症への偏見も少なく「下町の優しさ」に包まれてすくすくと育つ。

妹・園子《そのこ》さんが生まれると、姉妹連れ立って出かけるのが日常になる。10円をもらうと脱兎のごとく家を飛び出し、駄菓子屋さんへ。「えらい帰り遅いなぁ……」と思ったら、お豆腐屋のおばちゃんのところに寄り、縁側で涼んでいたり。また、ある日には、こんなこともあった。

「子ども2人いっぺんに抱っこするの大変でしょ？　わがまま言うから、『あんた、もうここにおり！』って、置いて帰ったら、あとで近所のおばちゃんが連れてきてくれました」

晶子さんにとって、妹の存在も大きかった。ご飯を食べるのも、自転車に乗るのも、なんでも妹のすることは姉もしたい。逆に、姉のすることは妹もしたい。

「妹が教科書でしたね。でもね、やっぱり姉としてのプライドもあったんでしょうね。そうそう、初めて歩いたのも、妹が生まれてすぐ、1歳11カ月でした」

幼稚園時代には父の転勤で兵庫県姫路市へ引っ越した。それと同時期に、40歳を迎えた勝昌さんは、営業の仕事に転職している。

「娘がダウン症というのを会社にはっきり伝えてなかったから、転勤が大変でね……。まだ単身赴任なんてなかった時代でしょ？『私だけ行って、家族は残してというわけにいきませんか？』って会社に言うたら、『家族で行かないと地域に入り込めない！』って怒られました」

転職を機に、阪神間で住まいを探すが、「3割ほど家賃が高い」。

「そやから、神戸から、三宮、六甲……と徐々に移っていって、ちょうど高槻のあたりに落ち着いたんです。そしたら、たまたま家の近くに養護学校があったんです」

勝昌さんは「たまたま」と振り返る巡り合わせだが、節子さんは『運命』を感じたと、目を輝かせて語った。

「その頃は養護学校はまだまだ数がなくて、わざわざ、ほかの地域からこの近所へ引っ越してこられる親も多かったんです。でも、私たちは家を探したらすぐ近くに養護学校があって、歩いて通える。

運命と言うか〝奇跡〟とさえ感じました」

1973年、養護学校へ入学。

節子さんは、晶子さんが養護学校に入った当時の心境を、手記にこんな言葉で記している。

『次に続く方々のためにも、きっちり生きなくてはいけないと思った』

「次に続く方々」、そして「運命」。この「2つの言葉」を重ね合わせると、当時のご家族が抱いていた「本心」が見え隠れする。

日本において、長らく障がい者は「就学免除」という名目のもと、例外を除いて就学が認められることはほとんどなかった。これは、紛れもない事実である。戦後、何十年にわたり、ダウン症だけでなく、さまざまな障がいのある方々が一体となり、「障がい者の自立」を求め続けた結果、就学免除が廃止されたのは1978年。

1970年代は、ちょうど関西でも豊中、寝屋川と少しずつ養護学校が建てられ始め、障がいのある子どもへの受け入れ態勢が、遅ればせながら整い始めていた黎明《れいめい》期と言える。

節子さんが「運命」と語るのは、「障がい者の教育の権利」を勝ち取るべく尽力された先駆者の思いを、次の世代へとつなぐための行動が「養護学校に行く」という選択だったように思えるからだ。
ちなみに、養護学校が義務教育化されたのは、晶子さんが入学してから6年後、1979年のことである。

その後、晶子さんは、高槻市内の中学校へ入学。順風満帆に見える学生時代だが、転校を余儀なくされた。
「先生も学校も〝差別してはいけない〟という意識が強すぎたんでしょうねぇ。毎日、ちょっとでも問題が起こるたびに、この子のために学級会。キャンプで石を投げた、石を投げるとはなにごとだと。一生懸命なのは有り難いんやけどね……」

学校のトイレに隠れたりと、晶子さんの体調・心理にも変化が生じ、養護学校へ転校することになった。事の顛末をお聞きし、『晶子さんは、さぞかし落ち込んだのでは……?』と尋ねると、「それがね！養護学校に、大阪体育大学卒の若い先生が来られてね。娘はもう大喜びでしたよ！　あの子、昔も今も、若い男の人が好きだから」と予想外の答えが返ってきた。

改めて、晶子さんの部屋を見渡すとＥＸＩＬＥのポスターや切り抜きがびっしり。……女性にとって、男前はなによりの薬なのだろう。

「短命」と言われた晶子さんも18歳に成長し、養護学校の高等部を卒業。学校の紹介で、クリーニング店への就職が決まった。それは、いよいよ社会に出る時が来たことを示していた。

「子どもが社会に出て働くんですから、親なら一度は心配するでしょ？」と、ご家族は卒業を前に、ドライブがてらクリーニング店がどんな場所にあるのか、車で見に行った。とはいえ、親の過干渉はしたくない。そこで、店の場所を確認すると、車の速度をゆるめて、ちょっとだけ店先を覗く程度で帰路についた。

しかし、翌日、そのクリーニング店から学校に連絡が入る。

「お宅の学生さん、働く気満々で、もう今日から来てるで！」

働くのはまだ少し先。それでも、「ここが自分の働く場所！」と思った晶子さんは、1人で電車に乗って、挨拶に出向いた。

「ここで働くんだ！　働けるんだ！」という思いが、彼女を行動へと駆り立てたのだった。

「1回行っただけで、道も場所も覚えたんやろね。そんな力もあるんやと、親ながら感心しました」と、勝昌さんは笑いながら語った。

就職してからは、自転車で自宅の最寄り駅まで行き、電車に乗って、勤務先の最寄り駅で降りて、歩いてクリーニング店まで通勤した。

社会人1年生の新人・晶子さんが、初任給で買ったのは「ラジカセ」。

「三菱の〝マドンナ〟いうやつね。音がキレイでね。ふふふ……今の若い子は知らんよね？　カセットテープもいっぱいあったんよ。テレビの音楽番組から録音したり、買ったりね」

そんな晶子さんの姿を見て節子さんは、中学校時代にＰＴＡの勉強会で、ある先生が発した言葉を回顧していた。

『保護者は、障がいのある子どもが働くことばかり願って、お金を得るということを教えません。働きに行くだけだから、辞めてしまうこともあります。お金が欲しいから働く、お金が欲しいから辛抱ができるんです。親として、働かせてやりたい気持ちは分かります。でも、なにより〝お金を使う〟という基本的なことを教えてあげてください』

障がい者は、例えばレストランで自分でメニューを決める、お金を払う、という経験が乏しいと感じることが多々ある。それは「すべて親が行ってしまう」ことが少なからず影響している。「これでいい？」と意見を誘導し、会計は当然のように親が払う。恥をかかせたくない、迷惑をかけないという思いからすれば、当然の行為かもしれない。しかし、それが子どもの学ぶ場を、可能性を否定してしまうという一面もある。

「働く喜びの前に、お金を使える喜びを教えることが大切だと聞いて、〝あ！　うちの子どもはお金の使い方を知っている〟って思ったんです」

晶子さんは、神戸にいた頃、10円をもらっては駄菓子屋で買い物をしていた。

「お小遣いをあげない日は、今日はお金がないと買えない……と、駄菓子屋の前で、じっと恨めしそうにお菓子を見ていたんです。そう考えると、この子はお金の価値を早くに理解していたんだと思います」

生活圏内に社会の〝訓練所〟がたくさん存在した「下町育ち」。その経験が、知らず知らずのうちに、晶子さんの社会性を育んでいたのだった。

そんな、生きていく上で大切な多くのことを教わった神戸の街も、1995年、阪神・淡路大震災により壊滅的な被害を受ける。

「震災があってすぐに、（神戸市の）岡本まで車で行って、そこから自転車で向かったんですけど、着いてみたら、住んでいた集合住宅はペッチャンコでした。豆腐屋のおばちゃんはどこだろう？　って探したら、『今さっき遺体があがりました』って言われてねぇ……」

ご夫婦と晶子さんは、何度も何度も救援物資を神戸へと運んだ。道中、車を運転した勝昌さんは語る。

「近所の人が、石鹸持ってき、あれ持ってき、と家の中は段ボール箱でいっぱいでしたわ。まぁ……ちょっとでも恩返しになったんかなぁ」

この時ばかりは、ご夫妻ともにうっすらと涙を浮かべた。

1990年、個人営業だったクリーニング店が廃業し、晶子さんは、いくつかの職場を転々としながら、1992年に現在の会社へ就職。

「雇ってもらうからには、しっかり働かないといけない」

それが、親子の間の取り決めであり、守るべき約束だった。

平日は、毎朝6時15分に起床。

朝食を済ませ、7時10分に家を出発。自宅近くでバスに乗車し、JR高槻駅へと赴くと、そこからマイクロバスで会社へと移動する毎日。

勤務時間は朝9時から、お昼休みをはさんで17時近くまで働くこともある。

仕事内容は、生活雑貨から飲食物まで、誰もがその名を知る大手メーカーの商品を対象に、不備がないかの「検品」に始まり、1つずつ心を込めた丁寧な「梱包」、配送先への「仕分け」、そして「配送」と続く。それは、メーカーにとっては〝縁の下の力持ち〟であり、物流の根幹を支える大切な仕事だ。

『軽作業』という言葉に対して、「軽い作業」という文字をそのままに受け取り、〝軽んじた仕事〟と誤解される方も多い。しかし、「軽作業」自体の定義は曖昧で、力仕事を必要としない作業とも言われるが、実際にはかなりの重労働である。

なによりも単純作業になればなるほど集中力の持続は難しく、また同時に、慢心とともに失敗を犯す……というサイクルを繰り返すのが常。言いかえれば、毎日の職務に真摯に向き合い、一日一日リセットして、気を引き締め直さないと仕事として成立しないとも言える。

そんな忍耐が要求される仕事を、晶子さんは実に22年も続けてきた。それは、日数換算で５５００日、時間換算で３万８５００時間以上にも及ぶ。

ある工業高校の就職担当の先生が、こんなエピソードを述べている。

就職先の企業が体育会系の生徒を求めた時、必ずレギュラーではない生徒を推薦する。先方が「いや、できればレギュラーで活躍していた子が……」と言えば、こう答えるそうだ。

「レギュラーじゃなくていいんです。レギュラーになれなくても、補欠で一生懸命頑張った。悔しい思いをしながらも、３年間耐え続けた。そんな生徒こそが、社会に出て頑張って働いてくれるんです」

晶子さんの仕事も、決して豪快なホームランや見事な完封勝利を収めたような派手な仕事ではないかもしれない。それでも、誰にも表彰されなくても、誰にも認められなくても、彼女はずっと試合に出続けてきた。それは、どんな活躍よりも評価されるべきことではないだろうか。

勤続22年。今ではすっかりベテランとなり、新入社員に対して指導する立場となった。

「ただいま。遅くなりました！」

午後6時前、労働の疲労感、そして充実感が混じり合った声とともに、勤務を終えた晶子さんが帰ってきた。帰宅後の第一声は……ご多分に漏れず、一様に〝勤務先のグチ〟である。

「聞いて！　もう、今日若い子がな、喋ってばっかりやねん！　もうちょっと、ちゃんとできたと思うわ！」


その喋りを遮るように、勝昌さんが聞いた。

「ほいで、あっこさん。今日、仕事どうやった？」

すぐさま、晶子さんが口にバッテンを当てて答える。

「お父さん、ずっと言うてるやろ。仕事内容は企業秘密やから、家族でも教えたらアカンねん」

22年間変わらぬ生真面目な回答に、父も母も笑顔を見せたと思いきや、筆者の方を振り返り、晶子さんが一言。

「あ〜。でも、姫路さんだけには、特別に教えてあげてもいいよ」

マンションの一室に、笑い声がこだました。


晶子さんを含め、ダウン症の人は、誰がなんと言おうと【笑顔をつくる天才】だ。その笑顔は、面白くて笑うのではない。楽しくて笑うのでもない。言うなれば、今日生きていることが嬉しくて笑うのだ。心が通い合ったことが嬉しく、笑いながら自然と涙がこぼれるような、そんな『人間本来の笑顔』をもたらすことができる存在。それが、ダウン症の人たちであり、その役割であると思う。

「姫路さん、ごめん！　今日ＥＸＩＬＥ出るからテレビ見せてな」

「このジャムな、パンにつけたらおいしいねん。食べてみて！」

「あ、雷鳴ってきた。雨、大丈夫かな？　姫路さん、帰れる？」

お弁当の空箱を台所に戻し、汚れ物を洗濯機に放りこみながら、晶子さんは、笑顔を絶やさず話しかけてくれる。そして、

「ちゃんと整理せんとな……」

そう言って、金庫の中から大切そうに取り出したのは「給料明細」の束。

晶子さんは、給料の明細を大切に保存している。それは、働き出してから30年近くずっとだ。額面は健常者のそれと比べるとわずかながら少ないかもしれない。それでも、

「今月も頑張って働いた。来月も頑張って働こう」

そう自分自身に言い聞かせるように、また、会社への感謝を呟くように明細を整理していく。

それは、誰よりも働くことを尊いと思い、誰よりも働けることに喜びを感じ、誰よりも働くことに

感謝の念を持ち続けているからこその行為だ。

「そうそう！　この子ね、いっつも〝当たる〟んです」

節子さんが思い出したかのように話した。

毎年春に行われる社員総出の慰安旅行。夕食時、お酒も入っての恒例行事と言えば「くじ引き大会」。その席で晶子さんは、炊飯器にビールセットと、毎年のように大当たりの連続なのだという。

「当たるんは、この子が無欲やからかね？　じゃあ、私らは強欲なんかな？」と、節子さんは少し悔しそうに娘を見つめた。


ちなみに、今年は三重県・長島温泉での旅館で豪華お食事にくじ引きという予定だったが、行けなかったそうだ。

「例年、第二土曜日が多いから、第二土曜日を避けて予定入れたのに、今年だけ、第三土曜日だったんです。せっかくの慰安旅行が……」

と、これには母だけでなく、娘も恨み節だ。

そして、給料明細と並ぶ、ご家族の宝物を見せてもらった。それは、20冊にも及ぶ膨大な量の「写真アルバム」。

晶子さんとご家族は、働き出してから休暇を利用して、国内はもとより海外へも旅行に出かけている。シンガポール、ベトナム、ドイツ、イタリア、ハンガリー、アメリカ、ニュージーランド、エジプト……。

そして旅行先では、必ず〝奇跡〟とも言える出来事に遭遇する。

アメリカのグランドキャニオンでは、ダンスレッスンの友人の姉にバッタリ！　また別の旅行では、何十年も会っていなかった同級生に突然声をかけられ、バッタリ！　まるで、ダウン症の人が知人を呼び寄せる、運命を吸いつける力は、世界でも通用することを証明しているかのようだ。

そして1996年、勝昌さんが定年退職を迎え、晶子さんが29歳となった年には、オーストラリアのパースへ旅行に出かけた。近傍に広がる広大なインド洋。白鳥と、黒鳥と呼ばれるブラックスワンが仲睦まじく飛び立つ中、突然、晶子さんは、母・節子さんの方を振り返り、こう言葉を送った。

『お母さん、楽しいね。私、これからも仕事頑張るから、また来ようね』

節子さんは振り返る。

「嬉しかったですよ。涙を拭きながら、『この子をあきらめずに育ててきてよかった』と同時に、『あ、これで子育てから解放された』と、心から思いました」

「いつ死ぬか分からないよ」「大人になっても知能は低いよ」――そう聞かされ続け、絶望にも近い恐怖と人知れず戦い続けたご家族にとって、その言葉は、娘の自立を感じ取った瞬間でもあった。

アルバムを見ながら、勝昌さんが呟いた。

「あっこ、ごめんな。短命って言われてたから、生まれてすぐの写真は、ちょっと少ないねん。すぐ死んじゃうかもと思ったら、写真残しとくの、つらくて、つらくて……」

その言葉に、「うん……ええよ」と、晶子さんは慈しむような表情で、ゆっくりとうなずいた。

ご家族はずっと、自分の娘が短命・白痴という断片的な情報に対し、「そんなわけない」と言い返すための情報も知識も持ち得ていなかった。それでも、ダウン症の娘を精いっぱい育てることで、なにごとにも勝る大いなる「説得力」を提示することができた。それが、【晶子さんという尊い存在】だった。この20冊ものアルバムは、「晶子さんとそのご家族が懸命に生きてきた証しであり、大いなる歩みの記録」なのだ。

晶子さんの出生から46年を経て始まった新型出生前診断。

最後に、節子さんにその思いを聞いた。

「ダウン症いうたら、〝ダウン症なのにすごく頑張った〟みたいな方ばかり報じられるでしょ？　でもね、うちの場合は芸術の面で秀でているでもなく、〝平凡なダウン症の家庭〟です。……あっこには悪いけど、なんの才能もない人生っていうのもステキですよ。娘は、今日も機嫌よう生きてます。それが、なによりの喜びです。フフフ……　〝人間らしい〟でしょ？」

ダウン症に関して、その存在を示すために、「ダウン症なのに書道が上手」「ダウン症なのに大学に合格」というステレオタイプな報じられ方ばかりが目につく時代が続いている。それは、ダウン症というレッテルを貼りつけた上で、〝上から評価〟しているようにさえ感じてしまう。

人間は誰しも、おぎゃ～という泣き声とともに、無限の可能性を背負った赤ちゃんとして、この世に生まれてくる。けれども、いつしか親は「この子はこれには向いていない」「あれはちょっとできないだろう」と、その特性を見極めているつもりが、生まれてきた子どもの可能性を知らず知らず狭めていってしまう。

しかし、ダウン症の子どもたちは、「あれもできた、これもできた。挑戦してみたら……意外とできるやん！」と、その可能性を広げながら、人生をゆっくりと生きていく。

その人生に伴走できた親の喜びは、なによりも「心の収穫が多い人生」だったと言えるのかもしれない。

勝昌さんの晩酌が始まる時間は、決まって夕方5時10分。

晶子さんの「帰りますコール」を受ける時間だ。

「はい。今日もご苦労さんでした」。そう言って電話を切ると、安心も手伝い、そこからのんびりとお酒をいただく。まるで、今日も娘が生きていること、娘が働き終えたことを祝福するかのように、ゆっくり、ゆっくりと安らぎの表情を浮かべ、杯を傾ける。

晶子さんも、「お父さん、また飲んでる」と言いながらも、金曜の晩は、「お姉ちゃんのも。コップ2つね」と、妹に分けてもらったチューハイを飲む。

親子での晩酌タイム。

勝昌さんが、晶子さんに冗談交じりに話しかけた。

「お父さんな、あっこより長生きするで！　そやなぁ……90歳まで生きるで！」

「90歳って、あと10年やん。……お父さん、知れてるわぁ」

家族は笑い合った。

その会話に、その笑顔に、〝娘が短命〟なんて思いはとうに存在しない。

最後に節子さんに聞いた。

「ダウン症でつらかったこと？　う〜ん……全然ないですよ。毎日、精いっぱい生きているだけですから。それは……思い起こしてみれば、いろいろありました。子育てに就職と、普通の家族と同じような悩みは、当然あったけど、いろいろあって当たり前でしょ？　だって、思い通りにならないのが人生ですもの」

カレーをごちそうになり、しばしの談笑。気付けば筆者自身も「ダウン症のご家族を取材している」という感覚は失われていた。喜井さんご家族は毎日を懸命に生き、その結果、気がつけば50年が経過しようとしている。そこに、健常児もダウン症児も変わりはない。ただ、それだけだった。

夜も更け、最寄駅までのお見送りを受ける途中。光り輝くお月さまを背に、節子さんは自転車を転がしながら、晶子さんとともに歩んできた長き人生を振り返るように、満面の笑みを浮かべて、こう尋ねた。

「こんな私たち家族、どう思います？　不幸だと思いますか？」

あれから10年後

喜井さんご家族

「だって私、幸せやもん」

～21番目の染色体と幸せな人生～

10年ぶりに喜井さん宅を訪ねたこの日も、最高気温37度に迫ろうかという猛暑日。この10年の一番の変化は間違いなく温暖化だろうと、前回は持っていなかった日傘を差しつつ歩く。

「姫路さ～ん！　今日は暑いねぇ！」と、黄色いTシャツを着てひまわりのような笑顔で迎えてくれた喜井晶子さん。「バス停から歩くだけで汗びっしょりなんよ」と、タオルで汗を拭きながらロッカーにカバンをしまう。

57歳を迎えた晶子さんは、以前に勤めていた職場を辞め、心機一転、新たな職場で働き始めていた。

「コロナの時に軽作業の仕事も少なくなってしまってね……。寂しかったけど、今のお仕事もやりがいがあって大好きやねん！」

コロナ禍において、障がいのある方が仕事にあぶれ、職を失った話を、多方面から聞かされた。だが晶子さんの表情は、決してめげることなく、なお一層やる気に満ち溢れている。

新たな職場は『ほっとショップ青空』という、社会福祉法人「わかくさ福祉会」が運営するB型作業所（※雇用契約を結ばず、通所して労働に見合った「工賃」を受け取りながら一般就労を目指す施設）だ。勤務時間は、平日は9〜15時頃まで。主な作業は、1階の店舗で回収したリサイクル商品の販売。2階の事務所で、ぞうきんやアクリルたわし作りなどの内勤作業を、午前と午後に分けて行う。

出勤すると、ハンガーに吊った大量の洋服を店頭に並べるところから開店準備が始まる。晶子さんはこの日、日直の当番とあって、出勤者や作業予定を日誌に書き込む。

「今日は……午前中はショップ当番で午後からぞうきん作り。担当職員は岡田さん。今日のお休みは斎藤くん、1人ね。あ！　今日は伊藤さんと一緒の日や〜！」

書き記しながらも自然と笑みがこぼれるのは、大好きな伊藤公代さんとペアだからだ。

「キッキー！　今日一日、よろしくね〜」

晶子さんのことを〝キッキー〟と呼ぶ伊藤さんは、この作業所ができて間もなくから勤めており、晶子さんにとって尊敬できる先輩の1人なのだ。

「伊藤さんな、ぞうきん縫うのも速くてキレイやし。接客も上手で、そんなん見てたら、うちなんてまだまだや！　っていつも思うねん」

口を動かしながらも、「今は勤務時間」とばかりに手も同時に動かし、店内を隅々まで掃除していく晶子さん。10時を過ぎると、2階に上がって朝礼の時間だ。

「はい！　今日はショップの販売作業とぞうきんの製作。そして、外回りの〝回収作業〟が1件、入っています」

指導員である岡田裕子さんの言葉に、晶子さんが小さく拍手する。

「回収ってのはね、連絡をくれた人の家に行って不用品をいただく作業やねん。多い時には段ボール何箱ももらってくるから、お店に新しい商品も増えて、お客さんに喜んでもらえるから、私も嬉しいねん！」

喜ぶ晶子さんを尻目に、岡田さんは連絡事項を伝える。

「回収作業で商品が増えるのもいいけど……皆さん！　ぞうきんのノルマ、２５０枚。まだまだ残ってますよ〜。縫い目を綺麗に仕上げないといけないから、丁寧かつ速く！　難しいけど頑張ろうね」

12月第1週の「人権週間」に合わせて自治体から受注したぞうきん製作の作業。ノルマがあるのはどこでも同じとばかりに、進行具合に発破をかけつつ、朝礼は終了。そこから各々の仕事がスタートする。

10時30分、リサイクルショップが開店。近くに高槻市の総合スポーツセンターや体育館もあるので、地元の人や利用客が次々と訪れる。秋物のシャツ、編み物の毛糸……と、商品が売れるたびに晶子さんはレジを打ち、丁寧にお礼を述べると会心の笑みを浮かべ商品を手渡す。

「ありがとうございます。この服、暖かくていいですよ」と、常連さんには一人ひとり声をかける。ゆっくりだが、商品を1つ1つ確認しながら応対する。その様子をまたお客さんも笑顔で受け答える。

また、「買ったはいいけど、あまり使ってなくて」と、あるお客さんが家庭で不用になったフライパンを持ち込んでくれた。

「ありがとうございます。まだ十分キレイですし。商品として販売させていただきます」

職員の岡田さんとともに品定めしてお礼を述べる。開店から忙しく動き回る晶子さんだが、レジ作業が落ち着いたと思いきや、今度は店内を歩き、お客さんに声をかける。

「このジャケットとか、お似合いだと思いますよ。あ、奥さんに食器などいかがですか？　こちらの棚に取り揃えていますので、見ていってくださいね」

相変わらず勤務時間内は休むことを知らない晶子さんだが、なんとまぁ接客上手な一面もお持ちだったとは！　そんな言葉に誘われるように、商品を手に取ったお客さんが、またレジへと向かう。

30分ほどして、伊藤さんと店番を交代すると、店の裏へとまわり、バックヤード作業に勤しむ。利用者からいただいた不用品を整理しながら、値付けをしていく。

「岡田さん、このシャツいくら？　１００円⁉　まだキレイやし安くない？　まぁ、でも気に入って買ってくれたら嬉しいから、ええかぁ」

岡田さんの指示のもと、入荷したばかりの赤色のシャツに「１００円」と書かれたタグを取り付けると、優しく優しくシャツを折り畳み、「いってらっしゃい」とばかりに、ポンポンと襟元をなでて店頭へと送り出す。

回収班が事務所に戻ると、段ボール何箱もの衣料品、食器、おもちゃ、文具など、中古品とはいえ、リサイクルショップにとっては大量の〝新商品〟が届く。汚れや劣化などで売り物にならないアイテムは寄付を扱う別の業者に回され、そのほかのアイテムは綺麗にしてお店に並べる。運営する「わくさ福祉会」は創業から50年近くが経ち、地域の人を中心に口コミで営業が続いている。

「今は暑くて無理やけど、その前はビラ配りにも行ってたんよ。ほら！　こうやってチラシに色を塗って、マンションとかにお願いに行くねん。営業よ、営業！」

晶子さんは、かわいいイラストを色鉛筆で彩ったチラシを見せてくれた。そして交代時間が迫るとまた店頭へと戻り、接客に従事する。

ここに来るまでは、30年近く一般企業に勤めていた晶子さん。彼女の様子を、職員である岡田さんはどう見ているのだろうか？

「晶子さんがこちらに来て1年ほどですが、やはり一般就労を長くしていただけあって、スキルやコミュニケーション能力は高いですね。作業の覚えも早いですし、後はなんと言っても〝負けず嫌い〟なんです。できないことがむちゃくちゃ悔しいみたいで、それが仕事へのモチベーションにもつながっているのかと」

それを聞いて晶子さんは、少し照れたように頭をかく。

「レジで値段を打ち間違えたことがあって、悔しくてめっちゃ泣いてしまった。ぞうきんを縫うのも最初は遅くて、家でめっちゃ練習して作ってる。だから私、めっちゃ残業してるねんで！」

その言葉に「サービス残業、すみません！」との声が飛び交い職場に笑いが広がる。晶子さんはどこにいても、その場の空気を和ませる天才だ。

57歳にして仕事ができないことが悔しくて涙をこぼす人がどれくらいいるだろうか？　若いうちならいざ知らず、年齢とともに仕事が慣例化し、怒られることに慣れ、悔しさを抱く経験は少なくなっていく。だが晶子さんは、その日与えられた仕事を前に、今もまっさらな気持ちで働き続けている。

あっという間に12時。となれば、お待ちかねのお昼休憩だ。

「姫路さん、ほんまラッキーやわ～！　だって今日は加藤さんオリジナルメニューの日やもん！　めっちゃおいしいから食べ過ぎてしまって、私ちょっと大きくなってしまって……。でも、今日は加藤さんの日やから食べるねん！」

いつになく饒舌《じょうぜつ》になるほど、楽しみなランチタイム。「青空」では専門の調理師さんが事務所のキッチンを使い、料理を作ってくれる。火曜日～金曜日はレシピが決まっているが、月曜日だけは調理師の加藤さんがオリジナルメニューを振る舞ってくれるとあって、利用者からも大人気！

この日のメニューは、チキングラタンに餃子の皮を使ったピザ、中華スープのセット。「いただきます！」の合図とともに、「おいしい！」「ソースが本格的！」「グタランあったか～い」と、お箸とともに賛辞の声も止まらない。とはいえ、加藤さんとは一体、何者⁉

「私なんて、お店で料理を振る舞ったことなんてない単なる主婦ですよ。昔は会社に勤めててね。料理は好きやけど、働きながらで時間もないから、〝節約まとめ作りレシピ〟みたいなのを料理雑誌に送ったら、ほんまに取材されて載ったことがあるくらいです」

謙遜しながらも食事風景を嬉しそうに眺める加藤さん。会社勤めの傍ら考えたレシピが雑誌に掲載されるなど、〝家庭料理のプロフェッショナル〟でもある。今は退職され、知人の紹介でこちらの施設で料理を担当しているそうだ。

「スーパーで餃子の皮が安かったから、ピザ風にしよか？　って思いついてね。予算の都合もあるけど、韓国風の海苔巻き・キンパとかも喜んでくれたね。施設では体重制限がある人も多いけど、おいしいもの食べて、嬉しい顔を見てると、作り甲斐もありますよ」

地域に愛されてきた施設だからこそ、地域の人が貢献する。そんな加藤さんの料理に舌鼓を打った晶子さんは、仲良しの伊藤さんとくつろぎタイムに突入。朝ドラを見ながら、展開にあーだこーだとツッコミ。関西だけに阪神タイガースの試合結果がどうだこうだ……。なんとも休憩室らしい会話が繰り広げられる。まるで十年来の付き合いのように見える2人だが、伊藤さんは晶子さんのことをどう感じているのだろうか？

「キッキーはね……なんやろ？　私にとってなんでも話せる〝友達〟のような存在。でも、〝妹〟のように感じることもあるかなぁ。誕生日も同じ9月で、職場の誕生会も一緒にやるねん。今は、〝いいペア〃なんかな？」

友達、妹、いいペア……。さまざまな表現が浮かぶ中、最終的には「ま、キッキーはキッキーやね」と笑い合う。晶子さんは、いるだけでその場を穏やかな空間に変える。話していると自然に誰もが表情をほころばせる。

13時30分。午後の作業を開始。回収作業に出ていた桑垣栄美さんも加わり、女性3人でぞうきん作りに勤しむ。白地のぞうきんに色とりどりの糸を縫い付けて、カラフルに仕上げていく。

「縫い目が粗くてもアカンから、細かく針を通した方がキレイやねん。あとは歪んだらアカンから、ペンで書いた線からはみ出さんようにするのが……あ〜！ ちょっとズレた！ ……ね？ 簡単そうに見えるけど、やってみたら難しいねんで！」

嘆きながらも、〃サービス残業〃よろしく自宅で練習していただけあって、晶子さんの運針にはスムーズさが感じられる。両隣で作業する伊藤さん、桑垣さんの方が縫い目が細かい。でも、その現実に悔しさを覚える晶子さんなら、2人と肩を並べて作業する日もそう遠くはないだろう。

作業中に事務所の電話が鳴り、晶子さんがあたりをキョロキョロ。

「今の電話、うちのお父さんちゃう？　すぐ、晶子はまだ帰らんのか？　晶子はもう帰りますか？　って電話してくるねん。いつまでも子どもちゃうで！」

その言葉に職員一同、またも大笑い。

チクチクとした運針作業も、14時45分で終了。

「さて、お父さんも心配してるし、帰りますか」

ロッカーからリュックを出し、いそいそと帰り支度を始める。着替えをしまい、タオルをしまい、そして最後に大切そうにメモ帳をしまう。そう……1日、晶子さんと接して気付いたことがある。晶子さんは、その日起きたことをすべてこと細かにノートにメモしていくのだ。

毛糸やベルトなど、お客さんがその日に買ってくれた商品と価格。

その日に食べておいしかった加藤さんのメニュー。

自分がその日に見たもの、感じたこと。

仕事を始めた時間、交代した時間、休憩した時間、仕事が終わった時間。

場合によっては、「喜井さん、メモは後回しで作業して」と指摘されることもあるそうだが、それでも晶子さんは、小さく折り畳んだメモ帳に、丁寧に書き記す。悠揚迫らぬ所作を見て、そのメモは、彼女にとって1日の「記録」ではなく、人生の「記憶」なのだと思い知る。

1つ1つの出来事を大切にできない人間には、1日1日を大切に過ごすことなどできない。それが積み重なって、その人が歩んできた「人生」を織り成す。1日を丁寧に過ごす大切さを深く理解し、体現しているからこそ、晶子さんの人生はひときわ精彩を放つのだろう。

職場の皆さんに挨拶を済ませ、帰る方角が同じ伊藤さんとバスに乗る。途中の停留所で、2人一緒に窓の方を指差す。

「あ！　あの赤い花、今年も咲いたね。この間まで蕾やったのにね。キレイやね〜。もうしばらくは見頃かな〜」

道端の花の開花を2人で喜ぶ。きっと2人は来年も、季節がめぐれば赤い花が咲いたことを喜び合うのだろう。キレイだねと顔を見合わせて微笑むのだろう。再来年も、その先もずっと同じバスに乗り、同じ会話を交わす。そんな姿が、あなたには〝代わり映えしない人生〟と映るだろうか？　〝感慨深い人生〟と映るだろうか？　この人生を、晶子さんは心の底から楽しんでいることだけは間違いない。

「ただいま〜！　疲れたわ〜！」

16時過ぎに帰宅した晶子さんを、父親の勝昌さんと、母親である節子さんが迎える。

「晶子さん、今日もご苦労さん。どうや？　ビールでも飲みまっか？　本にも〝お酒のみの晶子さんは……〟って書いてもらわんとな？」

「もう、お父さん、前から言うてるやん！　私、もうお酒飲まなくなったやろ！　このお腹は、加藤さんの料理がおいしいから太っただけやねん！」

からかう勝昌さんを、関西人らしく笑いも含めて切り返す。もうすぐ90歳を迎える勝昌さんは、今も誰よりも早く起きては、バスに乗って遠くの停留所まで出向き、そこから歩いて自宅へ戻るなどウオーキングを欠かさない。それが大好きな晩酌とともに元気の源になっている。

同じく90歳にさしかかろうという節子さんは、シャンと伸びた背筋に凛とした表情。ハキハキした物言いは、10年が経過した今もまったく衰えていない。

「いえいえ。私ももう年齢も年齢で、海外旅行は無理やけど、2〜3カ月に1回は、親戚が住む三重県・松阪へ旅行に出かけてるんです。ステキなところなんですよ〜」

今も精力的にお出かけをするなど、充実した毎日を送っている。

そんな元気そうに見えるご夫妻だが、寄る年には勝てず、10年の間には身体的な変化もあった。父の勝昌さんは耳が少し遠くなった。母の節子さんは認知症の傾向があり、会話のやり取りや空間的認知が少しおぼつかなくなった。そんな2人が、杖とも柱とも頼むのが、ほかならぬ晶子さんだ。

「お母さん、ゴミはこっちに捨てないと」
「お父さん、もう大きな声出さないで」

両親をなだめるように、2人の間に割って入ることも珍しくない。年老いた両親が、子ども時代のエピソードを何度も話すのは珍しくない。だが、同じ話題に対峙し、さも初めて聞いたように付き合えるなど、障がいのある方が、高齢者の良き話し相手になるケースは少なくない。「親なき後」を不安視される親御さんも多いが、案外上手く立ち回る才能も兼ね備えていると感心する。

取材の最後に、節子さん、勝昌さんに、57年にわたる晶子さんの人生を回想し、来し方行く末を伺った。

「晶子はね、一度も嫌がらせを受けたことがないんです。ダウン症だとか、障がいがあるとかで、イジメや、嫌な言葉さえ言われた経験もない。なんでやろ？　って思って、理由も分からんけど……とにかく、〝晶子はええ顔してる〟って、よく周りに言われるんです」

そう節子さんが言えば、勝昌さんが続ける。

「それに、自分たち夫婦で名付けたんやけど、〝晶子〟って名前もよかったな。あっこさん、あっこさんって呼ばれて、誰にでも親しんでもらった気がするわ」

父、母の分析に、当の晶子さんはと言うと……。

「もう！　お母さんもお父さんも、そんなに褒めてもなんも出ぇへんで」

返す言葉に、ひまわりのような笑顔が咲き誇る。

取材を終えた帰り際、晶子さんがトントンと筆者の袖を引っ張り、もじもじしながら呟いた。

「あんなぁ、姫路さん。本のタイトル、変えてほしいねん。『ダウン症って不幸ですか？』じゃなくて、『ダウン症で幸せです！』に変えてくれへん？　だって私、幸せやもん」

取材を通して、筆者の中でずっと考え続けてきたことがある。それは、ダウン症たる所以《ゆえん》でもある、通常より1本多い「21番目の染色体の意味」だ。

2024年7月、こんな研究結果が世界を駆け巡った。今から約20万年ほど前に生きていたネアンデルタール人が、ダウン症のある子どもを集団で育てていたというのだ。化石に残された形跡からダウン症の可能性が高いその子どもは、少なくとも6歳まで生きていたとみられる。

これまでも障がいのある仲間を世話していたとみられる事例はいくつかあった。だが、いずれもが「成人」を対象にしたものであり、〝なんらかの見返りを動機としたもの〟とされていた。しかし、彼らは遺伝的に疾患を持つ子どもを「利己的な行動」で世話をしていたのだ。なぜダウン症のある子どもを集団で育てていたのか？

実は、10年以上に及ぶ取材の中で辿り着いた自分なりの結論がある。ダウン症のある人たちは、染色体が「1本多い」のではなくて、我々の方が「1本足りない」のではないだろうか？　という見方だ。では、自分たちに足りていないのは一体なんだろう？　人によっては、21番目の染色体を「優しさ」や「穏やかさ」と表現する。だが筆者は、その正体を「人間らしさ」ではないかと感じた。

筆者は喜井晶子さん以上に「人間らしい人間」に出会ったことがないと確言できる。朝な朝な、一日の始まりを楽しみに起き出し、「いただきます」と感謝してご飯をいただく。働くことに手を抜かず、誰とでも笑顔で接する。日々の小さな幸せを喜び、育ててくれた両親への敬意を忘れず、事あるごとに「ありがとう」と感謝を伝える。まるで毎日を喜ぶように生きる所作は、これに限らない。

そんなダウン症のある人の人生に羨ましささえ感じると同時に、ダウン症の人たちの役割とは『幸せを伝える役割』ではないかと、はたと気付いた。ダウン症の人たちが生まれ持つ特性は、「障がい」ではなく、立派な「才能」……。

2013年4月、新型出生前診断が開始されたあの日——なぜ多くのダウン症児を抱えるご家族は、身も世もなく泣き崩れたのだろうか？　それは、「ダウン症の人間と歩む人生が誰よりも幸せである」と知っていたからではないだろうか？

10年前、節子さんに最寄り駅まで見送っていただいた月夜の帰り道だが、今日は1人で、のんびりと帰る。

道すがら、すれ違う人たちの会話に耳をそばだてる。

「お母さん、今日サッカーでシュート決めた」と言う幼い男の子。
「見て！　あの子猫、めっちゃかわいい」と微笑む女子高生。
「安かったから、カレーでも作ろうか」と買い物袋をぶら下げた女性。
「明日は、仕事ゆっくりや〜！」と電車の中で伸びをする男性。

気付けば、周りには身近な幸せが溢れていた。

ふと、いつかの節子さんの言葉が聞こえてきた。
『こんな私たち家族、どう思います？　不幸だと思いますか？』

万感胸に迫る思いを込め、最後に、ダウン症の子どもと暮らすお父さん、お母さん全員に、この言葉を贈りたい。

「あなたたちご家族の人生は、幸せに満ち溢れています」

10年の取材を通して、筆者自身、あり余るほどの「幸せのおすそ分け」をいただいた。ダウン症の人が持つ「幸せの物差し」は、間違いなく現代に必要である。だからこそ、彼ら、彼女らはずっと変わらず、未来永劫《えいごう》、この世に生を受け続ける。これまでも、そして、これからも——。

ダウン症と「人権モデル」

近年、障がい福祉の関係者から頻繁に聞かれる言葉の1つが、「人権モデル」だ。

障がいとは個人の身体にあり、治療や訓練など個別のケースに応じて克服しようとする「医療モデル」が1つ。もう1つは背が低くて前が見えない人に段差で補助したり、車椅子の人にスロープを整備したりと、環境を変えることで対応する「社会モデル」。これまでは、この2つが一般的な考えとして用いられてきた。

だが、2022年に国連の障害者権利委員会が行った日本への統括所見でも「社会モデル」という言葉は登場せず、代わって「人権モデル」という言葉が頻繁に用いられた。

「人権モデル」とは、簡単に言うと「誰もが当たり前にその場にいるということは自由や平等と同じように、人間に与えられた権利である」という考え方だ。「障害者差別解消法」の施行以降、「合理的配慮」という言葉が独り歩きしているような風潮がある中、配慮という名目のもと、〝特別な措置〟を施すのではなく、当たり前に必要なことをするだけ、というのが人権モデルの考え方だ。

実は、佐々木サミュエルズ純子さんとの会話においても、こんなやり取りが交わされた。

「ある時、『インクルージョンは人権である』という言葉を聞いて、雷に打たれたように感じたんです。生まれた瞬間から赤ちゃんには人権がある。オギャーという言葉で、自分の存在を主張して生まれてくる。学校でも、会社でも、みんなと同じ社会に存在することが許されていない状況は、人権侵害だと思うんです」

会話をしていて、佐々木さんは「配慮」という表現を極力使わないことに気付く。障がいと1セットのように用いられる「配慮」という言葉は、相手への気配りや気遣いという意味で使われる半面どこか〝上から目線〟な印象を抱く人も多い。

佐々木さんが、こんな思いを聞かせてくれた。

「地域の学校に行けなかった時に、なぜあそこまで怒りを持てたのか？　ジェイミーも同じ命を持つ人間なのに、公教育が迎え入れてくれなかった深い失望と悲しみ……。今考えれば、人権的な考えがあったんだと思います。この感覚って、大人になってからではなく、幼い頃から感じ取らないと理解できない。だからこそ〝ともに育つ子ども〟を1人でも多く送り出したいんです」

長らく、障がいは個人にあるのか？　社会にあるのか？　という議論もあった。しかし、人権モデルの考えに照らし合わせれば、障がいがあろうがなかろうが同じ人間であり、ともに過ごす空間の保証こそが人権である。こうした考えの先に、新たな価値観や広がるのではないかと、その未来を楽しみにしている。

『ダウン症って不幸ですか？』刊行から10年、取り巻く環境はどう変わった？関係者からのSpecial Message

当初はドキッとするタイトルとも思えましたが、本当に伝えたいことを最も的確に言い表した言葉だと思います。10年前は、母体血による出生前の胎児染色体検査が世の中に出始めた頃で、その対象にいつもダウン症が取り上げられていた頃でした。ダウン症という名前は知られるようになっても、その実態は知られることはなく、生まれる前に検査をするべき対象ということだけがマスコミに取り上げられた頃でした。我々家族は楽しく幸せに暮らしていることをもっと多くの方に知ってほしいと思っている頃に、姫路さんに出会い、この本に出合いました。私たちの思いを届けてくださって、大変嬉しく思っています。新しくダウン症のある赤ちゃんを授かったご家庭の方には、ぜひ読んでほしいと思います。今後の活躍をお祈りしています。

玉井 浩さん

日本ダウン症協会 代表理事

水戸川真由美さん

日本ダウン症協会 理事

あれから10年ですか、早いものですね。2012年の8月にNIPT（新型出生前診断）が行われるかもという衝撃的なニュースが流れて、日本中で議論が始まりました。ダウン症という言葉をあちらこちらで耳にした人たちの中には、ダウンショウって何？　気分が乗らないショーなのか？　伝染するんだろうか？　歩けるのか？　話せるのか？　などさまざまな臆測も一人歩きしていました。

ダウン症って不幸ですか？　〇〇〇って不幸ですか？　〇を埋めていったらたくさん当てはまるだろう。決してダウン症だけのことではない。五感を感じる機会や体感さえ少なくなっていく中で「いい加減」は「良い加減」だとどう教えていくのか、文字上では習得できない我が息子は、体験してナンボで育ってきた。

また先の10年はどうなっているのだろう。

「分断」を強く感じるようになった今、「幸せとは？」と考えることが増えました。悩み、泣き、必死に生きて、ずっこけながらも、一緒に笑う。ダウン症と共に生きる皆さんは、今なお教えてくれています。幸せとは、きっとそういうことなんだろう、と。

武田和歌子さん

朝日放送テレビアナウンサー／書籍の原点となったラジオ番組でメイン司会を務める

姫路さん、続編の刊行、誠におめでとうございます。

「ダウン症って不幸ですか？」と問われれば、「不幸ではない」と私は即答します。

一度でも交流したことがある方ならば、自然に抱く思いではないでしょうか。

それぞれの家族の生活の続きを知ることを、楽しみにしております。

榎本重秋さん

障がいのある人向けの保険を取り扱う「ぜんち共済」株式会社 代表取締役社長

ダウン症を世界で一番好きな男、あべけん太。ずっと思いは変わらない。

「ダウン症だ〜い好き！　ダウン症万歳！」

ダウン症をもっとみんなに知ってもらいたい！

ダウン症があったって幸せ！


本書を通じて、この子たちを取り巻く環境が更に改善されることを願っています。

あべけん太さん＆安部俊秀さん

「ダウン症のイケメン」として
活躍するタレントとその父

私にはダウン症がある幼なじみがいました。今から40年ほど前は差別や偏見がたくさんありました。そんな私にダウン症がある娘が誕生しました。40年前と比べると確実に社会が変わっていることを娘を通して実感しました。これはたくさんの先輩方が「知ってもらう」ことに尽力してくださったからだと思います。この本を通じて、一人でも多くの人にダウン症のあるご家族のことを知ってもらえたらなと思っています。

井田美保さん

「バディウォーク東京for all」主宰／障がいのある子とない子をエンタメでつなぐNPO法人「SUPLIFE」代表

黒木聖吾さん

NPO法人「アクセプションズ」
副理事長

あのユニークで斬新な本の出版から10年が経ちましたか！　おめでとうございます！　7歳だった息子は17歳、高校生になり、まさに青春真っ只中です。多様性の認知も世の中に広がり、本人らしく〝今〟を生きることができて、家族みんなが幸せです！

次女にダウン症があり、誕生した当初は来るかもしれない想像上の不幸にガチガチに身構えていました。しかし娘たちはただただかわいく、今ではすっかり肩の力が抜けた状態です。そんな自然体な日々こそ皆に知ってほしい。けど特別でないことって伝えるのがホント難しいですよね。姫路さん、そこのところ期待してます！

水野善文さん

「名古屋城バディウォーク」
元・主宰／「金虎酒造」社長

ぎょっと目を見張る書名の問いかけに、娘が5歳だった当時の私は沈黙した。「いいえ」と胸を張って断言するのにまだ戸惑いがあった。あれから10年。人の温かさを知った。それは、この先もこの子たちを応援してくれる著者のような人が必ずいるのだという希望となった。娘は毎日私に教えてくれる。本当の幸せとはなにかということを。

上村直美さん

バディウォーク関西 代表／日本ダウン症協会 相談員

ダウン症の息子を授かり、著書とともに歩んだ10年。最初に読んだ時の衝撃は忘れられません。著者の温かく深い洞察、ポップな筆致が、偏見や先入観を優しく解きほぐしてくれました。この10年で、ダウン症を取り巻く環境や社会も変わりつつあります。改めて10年を経ての続編。すべての人に読んでほしい1冊です。

亀井麗奈さん

バディウォーク関西 副代表／特定非営利活動法人「Sunny ones」副理事

これって不幸ですか？　最低賃金さえもらえない人が多くいる中で、重度知的障がいの息子が最低賃金をもらっていることが。人とつながり、絆を大切にし、情報を入手して行動した幸せな10年。これからの10年も人と出会い、絆を大切に、幸せに進もう！

吉川和信さん

DS大阪「大阪ダウン症
親の連絡会」会長

私の息子（ダウン症）も36歳。今やダウン症者の平均寿命は60歳に達しています。当然、10年前と比べて成人期の課題も多様になっています。今後も姫路さんの発想と発信力でさまざまな課題に方向付けができることを期待しています。

安田裕治さん

大阪のダウン症のある家族に
よる「クローバーの会」事務
局長／日本ダウン症協会大阪
支部総務担当

8年前の新生児の頃は、なにも分からないことからくる不安があり、必死に本やネットで情報を探している中で『ダウン症って不幸ですか？』に出合いました。成長していく中で、息子が結ぶ人とのつながりや、生活の中で初めて経験する楽しさや発見を通して、今では毎日愉快に家族や親族とともに暮らすことができています。『結喜』のおかげで、たくさんの素敵な仲間にも出会うことができ、日々笑い合い、助け合いながら、ともに成長をさせていただいています。大丈夫！　きっと楽しい未来が待っていますよ。

寺本 夢さん

ダウン症のある子どもと親による「神戸おやこ療育サークル」副代表／よさこいチームボンボンズ代表

辻 早保子さん

和歌山 ダウン症親の会「ひまわりの会」メンバー

ダウン症に無縁で育った私。息子にダウン症があると分かった時、普通にネガティブな思考しかなかったです。成長するにつれ、息子はたくさんの出会いをつくり、周りに笑顔を生み出す存在になり、生まれてきてくれたことに感謝です。

10年前にこの本の出版に関われた喜びを今でも覚えています。そして今、続編の発行に立ち会えることを心より光栄に思います。この本が教えてくれる、10年後の新たなストーリーを読むのが楽しみ過ぎます！

小山田 貴一さん

障がいのある人を対象としたダンススクール「ONE TRIBE」代表

ダウン症のある我が子は我が家の救世主。当事者だけでは伝え切れないこんな真実を、姫路さんはいつの時代も情熱を持ち続け、代弁してくれる。有り難くて泣けてくる。姫路さんの書籍、ぜひ道徳の教科書にしてほしい。

MIMOさん

ダウン症の娘と生きるシンガーソングライター

羊水検査をし、妊娠17週でダウン症と診断された息子も12歳。環境は進化した一方で偏見も残りますが、障がいは「不幸」ではなく、互いに助け合える可能性として知ってもらいたい。1人でも多くの方に手にとってもらいたい書籍です。

田邉優香さん

冊子「第1集：わが子がダウン症と告知された87人の〝声〟」などを手掛ける

「だいすき」な毎日が、つづきますように。

高橋慶生さん

ダウン症のある子どもと暮らすコピーライター

おわりに

足掛け10年以上に及ぶ取材で感じたダウン症の人たちの持つ「人間らしさ」。それを強く感じたのは、日本ダウン症協会が主催するイベントに参加した時だった。〝ダウン症のイケメン〟こと、あべけん太さんが司会を務められる中、来場者の紹介の際にこんな一幕があった。

「厚生労働省 健康福祉局 障害福祉部 障害支援課……、え～と、肩書きが長い！」

歯に衣着せぬとはまさにこのことばかりに、会場は爆笑に包まれた。本来なら怒るはずの役人さんも大笑い。主催者側も「すみません」と言いつつ、双方に笑みがこぼれた。

あの「笑い」は、何だったのだろう？　と、ふと考えた。ギャグでもない、軽妙な例えでもない、巧みな話術でもない……今まで感じたことがない芸当で、会場を笑いの渦に巻き込むあべけん太さんを尊敬した。

だが、その後同じような笑いが、案外身近に存在することに気付かされた。それは、家族で語らう時のなにげない会話の端々にあった。

「今日ね、学校でこの子ったらね……」
「そういえば、この間お父さんがさ……」

我が家の話で恐縮だが、娘が幼い頃、「お相撲さん」のことを〝どすこい!〟の掛け声と相まって「どすもうさん」と長らく呼んでいた。これは娘が高校生になった今でも、家族や親戚の笑いを誘う鉄板エピソードだ。そう、家族や身近な人の出来事を、嬉しそうに、笑顔で話すあの瞬間の「幸せに包まれた笑い」こそ、あべけん太さんが作り出す空気とそっくりだったのだ。

コンプライアンスによる規制が強まる現代、あべけん太さんが持つ〝誰もが幸せな気分になる笑い〟は、ひょっとすると、これからの時代に相応しいのかもしれない。そう考えると、ダウン症の人が活躍できる場所や役割は、もっともっと広がるのではないかとさえ感じている。

そのような「人間らしさ」に加えて、もう1つ気付かされたのは、ダウン症の人が持つ「自由」だった。多くの人は成長につれ、知らず知らずのうちに心の中に〝階級制度〟を敷いてしまう。学歴、仕事、役職、収入、家柄……。それは打ち消すことが出来ない人間の性《さが》でもある。しかし、そうした心の壁を解き放った先にこそ、自由な世界が広がっている。ダウン症のある人は、誰もが自由な空間に生きていると感じてしまうのだ。

ダウン症の人同士が会うと、「やぁ！」「おう！」と意気投合し、彼らにしか分からない言葉でやり取りをする光景をよく見かける。松原さん夫妻はその言葉を〝宇宙語〟と表現し、こうおっしゃった。

「とにかく、佑哉も絶えずしゃべってるんですよ。楽しそうに、嬉しそうに。もちろん怒っていることもあります。彼の言葉がもう少し分かったら、ダウン症の人が暮らす世界がもっと見えてくるんじゃないかって、悔しい時もあります」

私たちは、理解できる言葉をつなげて世界を作っている。しかし、世の中には言語では言い表せない物事が満ち溢れている。ひょっとするとダウン症の人は、言葉という概念を解き放った先にある、自由な世界に暮らす存在なのかもしれない。

と、まだまだダウン症についてまだまだ知らない世界が無数にある。取材させていただいた以外にも、素敵な人生を歩むご家族が数多く存在する。今後について頭にボンヤリと思い描いているのは、書籍だけではなく『ダウン症チャンネル』のようなメディアを立ち上げ、日ごと、少しずつでも情報発信できる場所を作りたいという構想だ。だって、まだまだ10年、たかが10年。筆者自身のダウン症取材もご家族の人生も、まだまだ続くのだから。

最後に今作が生まれた経緯と感謝を少しだけ……。

前作の発売からしばらくして、東京都内でダウン症の子がいる親御さん向けのイベントに登壇させていただいた。講演前に、「姫路さんですよね？」と、1人の母親に話しかけられた。ダウン症のお子さんとともに神奈川県から来られたその女性は、著書に感動したとおっしゃる読者の1人だった。プライベートな時間だったが、名刺を頂戴した。その彼女こそ、今作の編集担当である東京ニュース通信社の中山広美氏である。

前作と今作を合わせると、当時2歳だった佑哉くんから、今は57歳を迎えた晶子さんまで、乳児期、幼少期、学齢期、青年期、壮年期と、幅広い年齢の皆さんを取材させていただいたことになる。これからお子さんの誕生を迎える保護者さんも、幼いお子さんを抱える親御さんも、すっかり成人した皆さんも、それぞれのライフステージを思い描きながら読み返していただければ、筆者としてこれ以上の喜びはない。

今は何より、本を片手にまた多くのご家族や関係者と触れ合えることが、とにかく嬉しい。「大きくなったね！」「もう中学生⁉」「お仕事はどう？」なんて言いながら、エピソードをお伺いしたいとワクワクしている。皆さんの『あれから10年』の思い出話を今度は僕が聞かせていただく番だ。

ダウン症ってなんだろう？　障がいってなんだろう？　そんな事柄にとらわれることなく、誰もがみんなみんな、今日も笑顔で生きている！

いつも心に……『STAY GOLD』。

2025年2月

姫路まさのり

姫路《ひめじ》まさのり

放送作家・ライター。三重県尾鷲市生まれ。大阪府大阪市在住。2児の父。

放送作家として数多くのテレビ・ラジオ番組の制作に携わる。同時にライターとして、新聞や雑誌、WEBメディアで記事を執筆。朝日放送ラジオの番組『ダウン症は不幸ですか?』で日本民間放送連盟賞ラジオ報道部門最優秀賞を受賞。ダウン症を中心に障がいや自閉症、HIV・AIDS、薬害エイズ、発達障がい、ひきこもりなどの啓発・支援事業に携わり、並行して講演活動を行う。著書に『ダウン症って不幸ですか?』(宝島社)、『障がい者だからって、稼ぎがないと思うなよ。～ソーシャルファームという希望』(新潮社)がある。

カバーデザイン／土田伸路(design cue inc.,)
本文デザイン・DTP／川尻雄児(rams)

ダウン症《しょう》で、幸《しあわ》せでした。

～10年《じゅうねん》追《お》いかけて分《わ》かった幸福《こうふく》の秘密《ひみつ》

第1刷　2025年3月27日
著者　姫路まさのり

発行者　奥山卓
発行　株式会社東京ニュース通信社
〒104-6224 東京都中央区晴海1-8-12
電話 03-6367-8023
発売　株式会社講談社
〒112-8001 東京都文京区音羽2-12-21
電話 03-5395-3606
印刷・製本　株式会社広済堂ネクスト

ISBN978-4-06-539416-8